◢Schöningh

EinFach Deutsch

Wolfgang Koeppen

Tauben im Gras

... verstehen

Erarbeitet von
Dirk Bauer
Judith Schütte

Herausgegeben von
Johannes Diekhans
Michael Völkl

Bildnachweis

S. 14, 70, 77: Bilderdienst Süddeutscher Verlag; S. 28: ullstein bild – united archives; S. 34: © bpk; S. 36: Arti Doria Pamphilj, Rom; S. 57: Cinetext Bildarchiv; S. 67: ullstein bild; S. 72: Süddeutscher Verlag; S. 73: ullstein – Henry Ries; S. 74, 106 M.: picture-alliance/dpa; S. 75: © picture-alliance/akg-images; S. 82: © ddp images; S. 86, 88, 91: Wolfgang-Koeppen-Archiv, Greifswald; S. 92: Wolfgang-Koeppen-Archiv, Greifswald/Suhrkamp Verlag, Foto: INTERFOTO/Friedrich; S. 97: Wolfgang-Koeppen-Archiv, Greifswald (Foto: Hans Joachim Dieme); S. 101: aus: Dichter und Richter. Die Gruppe 47 und die deutsche Nachkriegsliteratur, hg. von der Akademie der Künste, Berlin 1988; S. 82; S. 103: © AKG, Berlin; S. 106 l.: © picture-alliance/united archives, S. 106 r.: dpa, Frankfurt; weitere: Verlagsarchiv Schöningh

Sollte trotz aller Bemühungen um korrekte Urheberangaben ein Irrtum unterlaufen sein, bitten wir darum, sich mit dem Verlag in Verbindung zu setzen, damit wir eventuell notwendige Korrekturen vornehmen können.

© 2010 Bildungshaus Schulbuchverlage
Westermann Schroedel Diesterweg Schöningh Winklers GmbH
Braunschweig, Paderborn, Darmstadt

www.schoeningh-schulbuch.de
Schöningh Verlag, Jühenplatz 1–3, 33098 Paderborn

Das Werk und seine Teile sind urheberrechtlich geschützt.
Jede Nutzung in anderen als den gesetzlich zugelassenen Fällen bedarf der vorherigen schriftlichen Einwilligung des Verlages.
Hinweis zu § 52a UrhG: Weder das Werk noch seine Teile dürfen ohne eine solche Einwilligung gescannt und in ein Netzwerk gestellt werden.
Das gilt auch für Intranets von Schulen und sonstigen Bildungseinrichtungen.

Auf verschiedenen Seiten dieses Buches befinden sich Verweise (Links) auf Internetadressen. Haftungshinweis: Trotz sorgfältiger inhaltlicher Kontrolle wird die Haftung für die Inhalte der externen Seiten ausgeschlossen. Für den Inhalt dieser externen Seiten sind ausschließlich deren Betreiber verantwortlich. Sollten Sie dabei auf kostenpflichtige, illegale oder anstößige Inhalte treffen, so bedauern wir dies ausdrücklich und bitten Sie, uns umgehend per E-Mail davon in Kenntnis zu setzen, damit beim Nachdruck der Verweis gelöscht wird.

Druck 5 4 3 2 1 / Jahr 2014 13 12 11 10
Die letzte Zahl bezeichnet das Jahr dieses Druckes.

Umschlaggestaltung: Nora Krull, Bielefeld
Umschlagbild: Ernst Ludwig Kirchner, „Nollendorfplatz" (1912); © picture-alliance/akg-images
Druck und Bindung: Media-Print Informationstechnologie GmbH, Paderborn

ISBN 978-3-14-022482-6

Inhaltsverzeichnis

An die Leserin und den Leser 5

Der Inhalt im Überblick 10

Die Personenkonstellation 12

Inhalt, Aufbau und erste Deutungsansätze ... 14

Hintergründe 65
Der zeithistorische Kontext 65
Das gesellschaftliche und kulturelle Zeitklima
als Thema des Romans...................... 80
Das Leben einer Romanfigur – Wolfgang Koeppens
Lebensstationen........................... 86
Literaturgeschichtliche Kontexte 97
Erzähltechnik und Sprache im Roman 109
Der Titel................................. 119
Der Schauplatz 122

Der Roman „Tauben im Gras" in der Schule ... 126
Der Blick auf die Figuren:
Die Personencharakterisierung.................. 126
Eine literarische Figur charakterisieren –
Tipps und Techniken 126
Philipp................................... 128
Emilia 130
Washington Price.......................... 131
Carla Behrend 133
Heinz Behrend............................ 135
Frau Behrend............................. 136
Josef 138
Edwin 140

Der Blick auf den Text:
Die Textanalyse. 148
Einen Romanauszug analysieren –
Tipps und Techniken 148
Beispiel einer Linearanalyse: Der Romananfang 150
Beispiel einer aspektgeleiteten Romananalyse. 155

Der Blick auf das Textumfeld:
Die textgebundene Erörterung 160
Eine textgebundene Erörterung verfassen –
Tipps und Techniken 160
Beispiel einer Texterörterung (zu dem Sachtext
„Modelle nonkonformistischen Erzählens –
Wolfgang Koeppens Romane" von Jochen Vogt) 162

Der Blick auf das Abitur:
Themenfelder 171
Übersicht I: Aufbauelemente 172
Übersicht II: Zentrale Themen und Motive des
 Romans. 173
Übersicht III: Das Zeitklima im Roman 174
Übersicht IV: Der Roman im literaturgeschichtlichen
 Kontext. 175
Übersicht V: Vergleichsmöglichkeiten mit anderen
 literarischen Werken 176

Internetadressen 178

Literatur 179

An die Leserin und den Leser

Liebe Leserin, lieber Leser,

„Ich bekenne mich zu dem Beruf des Schriftstellers. Ich glaube an das Wort."[1]

In dem Zitat des Schriftstellers Wolfgang Koeppen spiegelt sich wider, welche Relevanz das Schreiben für ihn besitzt. Koeppen glaubt an die Bedeutung und die Kraft der Literatur. Schreiben ist daher weitaus mehr für ihn als das bloße Ausüben eines Berufs. So offenbaren Koeppens Biografie und sein künstlerisches Selbstverständnis, dass das Schreiben für ihn regelrecht eine Existenzform ist. Wirklichkeit und Fiktion verschmelzen im Verlauf seines Lebens immer mehr miteinander. Schreiben führt Wolfgang Koeppen aber auch an seine persönlichen Grenzen, es wird für Koeppen zu einem unendlichen Prozess, vergleichbar mit einem Kassandraruf[2]. Schreiben wird für Wolfgang Koeppen zum Monolog gegen die Welt. Krisen, Schreibblockaden und das Ausbleiben eines dauerhaften schriftstellerischen Erfolgs hinterlassen Spuren. Sein Leben ist unter anderem auch die Geschichte eines Schriftstellers der uneingelösten Hoffnungen und Versprechen. Nach seinen drei großen Romanen „Tauben im Gras", „Das Treibhaus" und „Der Tod in Rom" gelingt es Wolfgang Koeppen nicht mehr,

---

[1] Rede zur Verleihung des Georg-Büchner-Preises 1962. In: Wolfgang Koeppen: Gesammelte Werke in sechs Bänden. Hrsg. von Marcel Reich-Ranicki, Band 5, Berichte und Skizzen II. Frankfurt am Main: Suhrkamp 1990, S. 261

[2] Kassandra ist in der griechischen Mythologie die Tochter des Priamos von Troja. Sie erhielt von Apollo die Gabe des Blicks in die Zukunft. Da sie aber seine Liebe nicht erwiderte, bewirkte der Gott, dass niemand ihren Weissagungen Glauben schenkte. So warnte sie zum Beispiel vergeblich vor dem Trojanischen Pferd. Man bezeichnet Warnungen, die nicht beachtet werden, als „Kassandrarufe".

einen einzigen Roman fertigzustellen. Dutzende beginnt Koeppen, keinen vollendet er. Von 1961 an unterstützt ihn sein Verleger Siegfried Unseld, bezahlt ihn im Voraus, wartet allerdings vergeblich auf Koeppens nächsten großen Roman. Dieser wird nie erscheinen.

Auf sein erstes Werk der Romantrilogie, „Tauben im Gras"[1] (1951), reagieren die Kritiker sowohl mit Anerkennung als auch mit Befremden. Der Roman ist für die zeitgenössischen Leser eine Herausforderung. Thematisch und stilistisch entspricht er nicht den damaligen Erwartungen an Literatur. Auch die Aggressivität der gesellschaftskritischen Anklage stößt vehement auf Widerstand.

Koeppens Romane der Nachkriegszeit erhalten in den 60er-Jahren eine Neubewertung, welche ihren Ausdruck in zahlreichen Preisen und Auszeichnungen findet.

Es stellt sich die Frage, worin das Ungewöhnliche, das Neue und das Provokante dieses Romans liegt und ob er gegenwärtig noch von Bedeutung ist. Worin liegt seine Attraktivität und Aktualität für heutige Leser? Warum erscheint es trotz neuer gesellschaftlicher Verhältnisse, einer veränderten politischen Kultur und sich wandelnder Interessen angebracht, den Roman in der Schule zu lesen? Die pessimistische und hoffungslose Stimmung, die der Roman „Tauben im Gras" transportiert, ist unaufhörbar an seine Entstehungszeit gekoppelt. So enthalten die Probleme, denen sich die Figuren im Roman ausgesetzt sehen, eine realhistorische Dimension. In besonderer Weise spiegelt sich die historische Situation in den Schlagzeilen aus Zeitungen oder Rundfunkmeldungen wider, die Koeppen in den Roman einmontiert. Auch die unbewältigte, verdrängte Vergangenheit und das Fortdauern der nationalistischen

---

[1] Sämtliche Stellenangaben zum Roman beziehen sich auf die im Literaturverzeichnis aufgeführte Textausgabe aus dem Suhrkamp Verlag (^{25}2010).

Mentalität sind im Roman in vielfacher Weise spürbar. Angesichts dieser politisch-gesellschaftlichen Situation erscheinen die Figuren ohnmächtig und das „Zeitklima" ist für den Rezipienten fassbar, da die fiktionale Wirklichkeit eine Verankerung in der historischen Wirklichkeit erfährt.
Der Leser bekommt dadurch einen Einblick in die Atmosphäre der Nachkriegszeit und wird permanent angehalten, sich an die Schrecken und existenziellen Schwierigkeiten dieser Zeit zu erinnern. Durch diese besondere Zeitanalyse schärft der Roman den Blick für Vergangenes, sensibilisiert aber zugleich auch für Gegenwärtiges und Zukünftiges. Weil sich bestimmte gesellschaftliche Tendenzen und Entwicklungen auch in der eigenen Lebenswirklichkeit wiederfinden lassen, ist der Roman über seine Entstehungszeit hinaus von Bedeutung.
Generell ist die Atmosphäre des Romans von der extremen Verunsicherung und Angst der Figuren geprägt. Die Destabilisierung der Gesellschaft führt zum Werteverlust, zu sozialer Isolation, Entfremdung und Orientierungslosigkeit. Die damit verbundene Beziehungsunfähigkeit offenbart sich im Roman in zahlreichen Facetten und Ausprägungen. Immer wieder begegnen dem Leser Beispiele von fehlender Kommunikation, vorurteilsgeladenen Begegnungen oder missverständlichen Gesprächen. Auch hierin lässt sich die Aktualität des Romans nachweisen, da sich das Problem der Kommunikationslosigkeit ebenso in unserer Gesellschaft beobachten lässt. Da das Gefühl der Angst das Denken und Handeln zahlreicher Figuren bestimmt, ist es kennzeichnend für die Atmosphäre des Romans. Exemplarisch werden dem Leser somit menschliche Grenzerfahrungen vor Augen geführt, die zugleich einen unverfälschten, ungefilterten Einblick in existenzielle Krisensituationen vermitteln.

Für die aufsteigenden Fragen bietet der Roman allerdings keine Antworten. Er liefert keine hoffnungsvollen Lösungen, er entwirft keine erfolgversprechenden Perspektiven. Stattdessen sensibilisiert der Roman im Gegenzug für menschliche Zusammenbrüche und Probleme des menschlichen Miteinanders. Dies führt zu einer kritischen Fragehaltung des Lesers. Er beschäftigte sich intensiv mit Fragen, die auch sein eigenes Leben betreffen: Wie gehen Menschen mit Krisenerfahrungen und Verlusten um? Wie ist ein sinnstiftendes Leben angesichts einer von Anonymität und Entfremdung geprägten Welt möglich? Inwiefern kann die Begegnung zwischen Menschen vorurteilsfrei und ehrlich sein? Welche weltpolitischen und gesellschaftlichen Entwicklungen müssen gegenwärtig kritisch betrachtet werden?

Des Weiteren lässt sich der Roman in seiner künstlerischästhetischen Gestaltung in die Tradition der literarischen Moderne einordnen, welches seine literarische Aktualität und Relevanz hervorhebt. Auf der einen Seite herrschen eine Sprachreduktion und parataktische Verknappung auf das Wesentliche vor, auf der anderen Seite eine Bildervielfalt und zahlreiche intertextuelle Bezüge, die charakteristisch für Koeppens Schreibstil sind. Simultanes, multiperspektives und filmisches Erzählen spiegeln die Zersplitterung des Daseins wider. Der Versuch, die Wirklichkeit in Worte zu fassen, sie zu begreifen und zu ordnen, scheitert. Der Mensch stößt immer wieder an Grenzen, da Unordnung und Chaos die eigene Existenz dominieren. Durch diese spezifische Gestaltung des Romans hat Wolfgang Koeppen zweifelsohne neue literarische Wege bestritten.

Zusammenfassend kann festgehalten werden, dass die komplexe, vielschichtige Konzeption des Romans, die sprachliche Gestaltung und die Themen seine gegenwärtige Aktualität belegen. Der Leser ist gefordert, mit gewohnten Denkmustern zu brechen, sich auf die spezifische Erzählweise des Romans einzulassen und sich mit der pessimistischen Weltsicht auseinanderzusetzen. Gerade diese Romankonzeption und die gezielte Desorientierung des Lesers offenbaren das Besondere und Aktuelle des Romans.

Viel Freude beim Lesen, Nachdenken und Verstehen wünschen

Judith Schütte und Dirk Bauer

Der Inhalt im Überblick

Der Roman „Tauben im Gras" ist in verschiedene Episoden zersplittert, die für den Leser auf den ersten Blick voneinander losgelöst erscheinen. Die gesamte Handlung ereignet sich an einem einzigen Tag, dem 20. Februar 1951, in einer namenlosen, aber typischen deutschen Stadt der Nachkriegszeit.

Auffällig ist, dass es keine dominierenden Figuren gibt, sondern dass eine Vielzahl von Figuren (ca. 30) auftaucht. Der Leser erhält im Verlauf des Romans einen Einblick in verschiedene soziale Milieus und Schicksale. Das Geschehen wird dabei nicht systematisch erzählt, sondern ist in einzelne Erzählabschnitte zergliedert, die sich nach und nach zu einem Gesamtbild verdichten. Erst zum Schluss des Romans werden die Wege der einzelnen Figuren beim Vortrag des amerikanischen Dichters Edwin und dem Angriff gegen den „Negerclub" zusammengeführt und gebündelt.

Dabei werden die chaotische Unstrukturiertheit der Nachkriegszeit und die zunehmende Auflösung menschlicher Bindungen deutlich. Die Menschen streifen durch die Stadt, begegnen einander, ohne sich bewusst wahrzunehmen oder gar zu kennen. Der Mensch lebt als isoliertes Wesen in einer nur scheinbar existierenden Gemeinschaft. Diese Gemeinschaft kennzeichnet vor allem das Verdrängen und Vergessen der Kriegszeit, wobei der Leser durch gezielte Hinweise und das erzählerische Arrangement auf die andauernde Fremdenfeindlichkeit und die Gefahr neuer Kriege aufmerksam gemacht wird. So entsteht das vielseitige Zeitgemälde Koeppens erst durch das Zusammenspiel aller Handlungen und Erzählabschnitte.

Seiner Selbstaussage zufolge wollte Wolfgang Koeppen mit seinem Roman „das Allgemeine schildern, das Gültige finden, die Essenz des Daseins, das Klima der Zeit, die Temperatur des Tages"[1].

Das nachfolgende Schaubild verdeutlicht die komplexe Personenkonstellation des Romans. Die auftretenden Figuren sind hier in zwei größere Gruppen unterteilt: die Besucher und die Bewohner der Stadt. Diese Anordnung wird durch die zwei ellipsenförmigen Kreise verdeutlicht. Außerhalb dieser Kreise sind nur Washingtons Eltern und Henriette Gallagher vorzufinden, da sie sich nicht in der Stadt befinden, sondern die Kommunikation mit ihnen telefonisch erfolgt.

Innerhalb des mittleren Kreises sind wiederum einzelne Gruppierungen vorzufinden, welche die familiären Zusammengehörigkeiten veranschaulichen. Die Symbole bringen zum Ausdruck, um welche Art von Beziehung es sich handelt: Die Ringe stehen für die Ehe, die Herzen für eine Liebesbeziehung. Die Linien zwischen den einzelnen Figuren bringen lediglich zum Ausdruck, dass eine Verbindung zwischen den Figuren existiert. Die gestrichelten Linien (Mr. Edwin) verdeutlichen, dass es zwar zu einer Begegnung, nicht aber zu einer Unterhaltung zwischen den Figuren kommt.

Generell ist das Schaubild stark vereinfacht und schematisiert, es ermöglicht dem Leser aber, sich einen Überblick über das komplexe Beziehungsgefüge zu verschaffen. Eine genauere Analyse einzelner Figuren und Figurenbezüge erfolgt in den nachfolgenden Kapiteln.

---

[1] Wolfgang Koeppen: „Die elenden Skribenten". In: Wolfgang Koeppen: *Die elenden Skribenten. Aufsätze.* Hrsg. von Marcel Reich-Ranicki. Frankfurt a. M.: Suhrkamp 1984, S. 289

Die Personenkonstellation

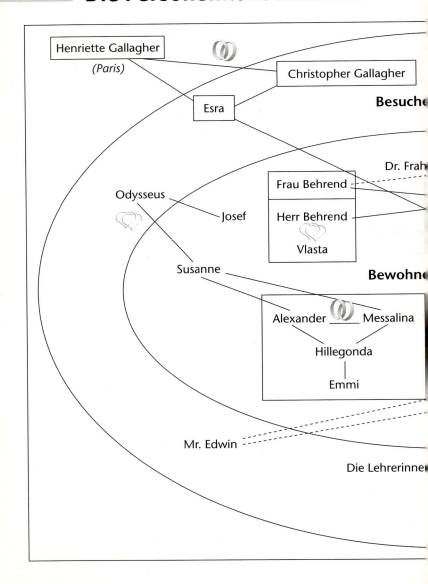

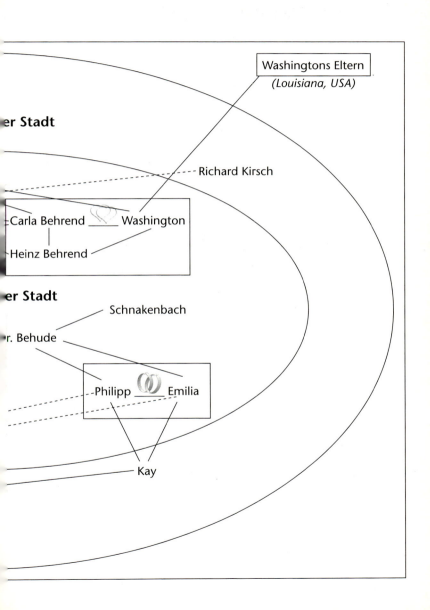

Inhalt, Aufbau und erste Deutungsansätze

Abschnitt 1 (S. 9)

Darstellung der unheilvollen Zukunft

Der Erzähler blickt zum Himmel hinauf und sieht dort Flugzeuge, die er als Zeichen einer unheilvollen Zukunft deutet. Die Kriegserinnerungen sind noch lebendig und die Flugzeuge werden als Zeichen künftigen Unheils gedeutet. Alle anderen Menschen nehmen keine Notiz davon.

Abschnitt 2 (S. 9)

Situation 1951/ Warnung und Klage

Der Erzähler skizziert die angespannte weltpolitische Lage und die politische Situation in Deutschland. Er verweist auf den Kampf der Weltmächte um Öl und das Spannungsfeld „östliche Welt, westliche Welt" (S. 9) sowie die Teilung Deutschlands. Die im ersten Abschnitt noch unklare Warnung und der ängstliche Blick zu den „unheilkündende[n] Vögel[n]" (S. 9) scheinen vor dem Hintergrund der innen- und außenpolitischen Lage begründet. Der Erzähler charakterisiert die Zeit als „Atempause auf dem Schlachtfeld" (S. 9 f.).

Zugleich verschärft sich die Angst der Menschen, da die Zeitungen die Schreckensbotschaften aufgreifen. Die Illustrierten profitieren von den Kriegserinnerungen.

Einführung in die Grundstimmung

Koeppen leitet mit seinem Erzählanfang in die Atmosphäre und das Empfinden der Nachkriegszeit ein. Die noch lebendigen Erinnerungen an den Krieg, die Flieger, die Bomben und die

Eine deutsche Stadt in der Nachkriegszeit

Zerstörung sind allgegenwärtig. Zeitgleich scheint die Situation bedrohlich, da der Erzähler vor einem erneuten Krieg warnt; die Zeichen der Zeit stehen schlecht. Bereits in den ersten beiden Abschnitten klingt die apokalyptisch anmutende Grundstimmung des Romans an.

Abschnitt 3 (S. 10)

Der Schauspieler Alexander wird in der Garderobe für seine Rolle des Erzherzogs im gleichnahmigen Film, einem trivialen Nachkriegsfilm, angekleidet. Er fühlt sich eingeengt, schwitzt und aufgrund seines nächtlichen Alkoholkonsums ist ihm übel. Alexander denkt währenddessen an den frühen Morgen des Tages zurück und an die in der Wohnung vorgefundene Situation infolge einer exzessiv durchgefeierten Nacht. Messalina, seine monströse Frau, Alfredo, eine amüsante Lesbierin, und Susanne, eine Prostituierte, befinden sich noch in der Wohnung. Während das Auto der Filmleute bereits vor dem Haus hupt, hört Alexander die Stimme seiner kleinen Tochter Hillegonda, hat jedoch keine Zeit, sich dem Kind zuzuwenden.

Welt des Schauspiels

Bereits an dieser Stelle offenbart sich der illusionistische und oberflächliche Charakter der Schauspielwelt. Jedoch wird dies von Alexander und seiner Frau Messalina durch Trivialitäten und exzessives Feiern überdeckt. Für existenzielle Fragen bleibt kein Raum und auch die Ängste ihrer Tochter finden keinerlei Beachtung.

Trivialität der Kultur

Abschnitt 4 (S. 13)

Die kleine Hillegonda geht mit ihrer Kinderfrau Emmi zur Frühmesse. Das Kindermädchen hält Hillegonda aufgrund ihrer Herkunft für eine Sünderin und zwingt sie zum täglichen Kirchgang. Das kleine Mädchen ängstigt sich in der düsteren, grabeskalten Kirche und sehnt sich nach Schutz und Zuwendung. Doch ihre Kinderfrau Emmi sprengt lediglich Weihwasser über sie. Die Diskrepanz zwischen kind-

Hillegondas Verzweiflung

licher Angst und der scheinheiligen Frömmigkeit verdeutlicht die Leere und Einsamkeit der kleinen Hillegonda.

Abschnitt 5 (S. 15)

Der Schriftsteller Philipp hat die Nacht wegen eines Streits mit seiner Frau Emilia nicht zu Hause verbracht, sondern im Hotel „Zum Lamm". Philipp findet aufgrund des nächtlichen Lärms, der aufblinkenden Leuchtreklame vor seinem Hotelfenster und nicht zuletzt wegen der lieblosen und schäbigen Zimmereinrichtung keinen Schlaf. Das Misstrauen des Wirts, das sich durch das Fehlen von Gepäck erklärt, verleitet Philipp zu einer Ausrede.

Philipps Ziellosigkeit und Unruhe

Philipp zahlt für eine weitere Nacht, tritt nach dem Gespräch mit dem Wirt am frühen Morgen auf die Straße und läuft ziellos durch die Stadt. Er beobachtet das morgendliche Treiben und wie die Überreste und Abfälle der Nacht beseitigt werden. Die Darstellung des Hotels, der morgendlichen Situation und die Schilderung der Atmosphäre wirken armselig, primitiv und verloren. Folglich entsprechen Philipps innere Ziellosigkeit, Unruhe und Verwirrung der Darstellung und Wahrnehmung der äußeren Gegebenheiten. Es erfolgt in diesem Erzählabschnitt somit eine bildliche Verknüpfung zwischen Philipps innerer Befindlichkeit und der Darstellung der äußeren Welt. In besonderer Weise zeigt sich die Stadt bereits zu Beginn als schmutziger und verwahrloster Ort, sodass eine Einführung in die bedrückende Atmosphäre des Romans erfolgt. Damit charakterisiert Wolfgang Koeppen den Handlungsort als modernes und düsteres Großstadtpanorama.

Großstadtpanorama

Abschnitt 6 (S. 17)

Frau Behrend, Carlas Mutter, befindet sich in ihrer Wohnung und macht es sich vor dem Ofen mit einem Groschenroman gemütlich. Die Anrede „Frau Obermusikmeister" (S. 17) durch die Tochter der Hausbesorgerin weckt in ihr

Klage über den Krieg

Erinnerungen an schönere Tage vor dem Krieg, bevor ihr Mann sie verlassen hat. Nun lebt ihr Mann mit einer Tschechin zusammen, spielt in Kaffeehäusern für „Neger" (S. 18), sorgt aber immer noch für ihren Unterhalt. Frau Behrends Einkauf „beim Juden" (S. 18), der bei ihr zwar durchaus Gedanken an die Vernichtung der Juden hervorruft, dient allein dazu, dem Opfer seinen vorwurfsvollen Blick vorzuhalten und ihm unredliche Geschäftspraktiken zu unterstellen, worin sich ihre antisemitischen Ressentiments zeigen. Sie sehnt sich nach den alten, unbeschwerten Zeiten zurück, als sie zu den angesehenen Leuten gehörte.

Frau Behrend lässt sich den Figuren des Romans zuordnen, die keine Lehren aus der Vergangenheit gezogen haben. Sie klammert sich an überkommene Stereotype und flüchtet aus der Wirklichkeit in die heile Welt der Groschenromane und Liebesfilme. Auch ihre nachträgliche Klage über den Krieg beruht allein auf persönlichen Motiven. Frau Behrend ist weder zur mitleidsvollen Anteilnahme noch zur kritischen Selbstreflexion bereit oder fähig.

Denken in alten Mustern

Abschnitt 7 (S. 20)

Philipp geht durch die Stadt und erinnert sich tagtraumartig an seine Kindheit in einem Dorf in Masuren, das inzwischen zerstört ist. Schon in den Schulstunden habe er davon geträumt, dass die Bewohner der Stadt alle tot seien, er als Einziger übriggeblieben und „allein durch die tote Stadt gefahren" (S. 21) sei. Vergleichbar erscheint ihm seine derzeitige Lebenssituation. Er reflektiert über die Zeit, mit der er nicht zurechtkommt, und sieht sich dazu bestimmt, das Geschehen zu beobachten. Doch Philipp fühlt sich angesichts der rasenden Zeit schwindelig und unfähig, „dem Wasser der Unendlichkeit" (S. 22) entgegenzutreten und zu begreifen, was er erblickt und erlebt hat. Erneut offenbart sich in diesem Erzählabschnitt Philipps Ziellosigkeit, verstärkt durch den Eindruck einer absoluten Orientie-

Philipps Kindheitserinnerungen

rungs- und Hilflosigkeit. Sein Kindheitstraum wird so zum Bild seiner gegenwärtigen Lebenssituation, da sein Leben „leer" ist und Philipp selbst „stumm" bleibt.

Abschnitt 8 (S. 22)

Aussichtslosigkeit für die Jugend

Die jungen Männer Schorschi, Bene, Kare und Sepp vertreiben sich schon morgens die Zeit in den Engellichtspielen und schauen den Film „Der letzte Bandit" (S. 22). Die ehemaligen Hitlerjungen haben keine Lehrstelle und keine Arbeit und beschaffen sich Geld als Kleinkriminelle. Während sie den Film schauen, wird deutlich, dass sie bereit sind, sich von jeder Heldenfigur mitreißen zu lassen und für sie zu sterben. Ihre militärische Haltung und soziale Desorientierung liegen in ihrer Sozialisation während der NS-Zeit begründet.

Abschnitt 9 (S. 23)

Aufhebung der Zuzugssperre

Der Erzähler berichtet von den Menschen, die während der Bombenangriffe aufs Land geflohen sind. Nun kehren sie in die Städte zurück, nachdem die Zuzugssperre aufgehoben worden ist. In diesem kurzen Abschnitt deutet der Erzähler das Problem der sozialen Entwurzelung an.

Abschnitt 10 (S. 24)

Behudes Streben nach Balance

Der Psychiater Dr. Behude spendet in der Klinik Blut, weil er ebenso wie die zahlreichen „Kriegsmediziner" (S. 24) auf das Geld angewiesen ist, das er für die Blutspende erhält. Außerdem betrachtet er die Blutentnahme als Reinigungsprozess. In seiner Praxis warten zahlreiche Patienten auf ihn, die durch den Krieg psychisch krank geworden sind, jedoch sind die meisten nicht in der Lage, die Arztrechnung zu bezahlen.

Dr. Behude hat damit zu kämpfen, seinen Alltag und das Leben zu bewältigen. Seine existenziellen Ängste und finanziellen Sorgen entladen sich in seiner Selbstkasteiung und offenbaren den psychischen Druck, dem er ausgeliefert ist. Die Blutentnahme wird so zu einem reinigenden Prozess und offenbart Behudes Streben nach Balance und Befreiung.

Abschnitt 11 (S. 25) *Abschnitt 9!*

Der Erzähler nimmt das Thema des neunten Abschnitts erneut auf. Er berichtet von den Heimkehrern und Flüchtlingen, die nun in die Städte zurückkommen und ihr altes Leben wieder aufnehmen. Er beschreibt die Gleichförmigkeit des Alltags und schildert einen äußerst düsteren, sinnlos erscheinenden Kreislauf des Lebens. Der Nachsatz „glücklich in der Heimat" (S. 26) erscheint vor diesem Hintergrund und angesichts der Zeitungsmeldung „SUPERBOMBER IN EUROPA STATIONIERT" (ebd.) beinahe sarkastisch. Die Stationierung der amerikanischen Flugzeuge verweist auf die Zuspitzung des Kalten Krieges.

Rückkehr der Flüchtlinge

Abschnitt 12 (S. 26)

Odysseus Cotton, ein schwarzer Amerikaner, trifft am Bahnhof ein. Er trägt in der Hand ein Kofferradio, aus dem eine sanfte, tiefe Stimme erklingt und „Night-and-day" (S. 26) singt, ein wiederkehrendes Leitmotiv des Romans. Die Hinweise auf den amerikanischen Bürgerkrieg und die Abschaffung der Sklaverei deuten auf seine Hautfarbe und Herkunft hin. Odysseus ist unschlüssig und schaut sich die Menschen auf der Straße an.

Odysseus' Ankunft in der Stadt

Abschnitt 13 (S. 27, Z. 1)

Philipp ist ebenfalls am Bahnhof und will seinen Psychiater Dr. Behude von einer Telefonzelle aus anrufen. Allerdings kann er ihn in der Praxis nicht erreichen. Philipp fühlt sich nutzlos und weiß nicht, wie er den Tag verbringen soll. Er überlegt, nach Hause in die Fuchsstraße zu seiner Frau Emilia zu gehen. Offensichtlich hat er sich am Vorabend mit ihr

Philipps Ratlosigkeit

gestritten und hat deshalb die Nacht im Hotel „Zum Lamm" verbracht. Es kommt Philipp so vor, als ob ihm überall Hass begegne.

Es wird deutlich, dass er lediglich aus Gewohnheit Dr. Behude regelmäßig aufsucht, jedoch nicht an eine wirkliche Besserung seiner Situation glaubt. Zeitgleich beendet Dr. Behude die Blutspende und verlässt körperlich geschwächt die Klinik.

In diesem Erzählabschnitt erhält der Leser einen Einblick in Philipps häusliche Situation. Man ahnt, warum Philipp so verloren wirkt. Der Streit mit seiner alkoholkranken und aggressiven Frau, das Gefühl des gegen ihn gerichteten Hasses sowie seine Ratlosigkeit lassen ihn einsam und hilflos erscheinen.

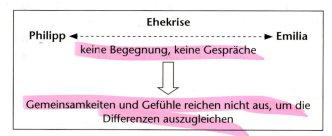

Abschnitt 14 (S. 28)

Odysseus hat gute Laune und freut sich auf den Tag. Josef, Dienstmann am Bahnhof, bietet sich an, Odysseus' Kofferradio zu tragen. Josef ist beinahe siebzig Jahre alt, hat den Ersten Weltkrieg überlebt und im Zweiten Weltkrieg seine Familie verloren. Wegen seines Alters trägt er nur noch die leichten Gepäckstücke und liebäugelt mit dem Kofferradio von Odysseus. Er empfindet keinerlei Gefühlsregung für Odysseus, schätzt ihn aber als freigiebig ein.

Josefs Lebensbilanz

Abschnitt 15 (S. 30, Z. 1)

Umgeben von ihren Tieren erwacht eine totenähnliche Emilia, Philipps Ehefrau, in ihrer verdunkelten Wohnung in der Fuchsstraße. In den Tieren sieht sie vertraute Begleiter einer glücklichen Kindheit, ihnen wendet sie sich zu, von den Menschen wendet sie sich hingegen ab. Sie sucht vergeblich nach Philipp, ihrem Mann. Das hereinfallende Tageslicht offenbart ihre physische und psychische Verfassung. Emilia läuft in Philipps Arbeitszimmer und erinnert sich beim Anblick seines Schreibtisches und der unbeschriebenen Papierseiten an die enttäuschte Hoffnung, er könne ein erfolgreicher Autor sein. Schlagartig wird ihr bewusst, dass er sie verlassen hat, und ein Gefühl der Einsamkeit, aber auch der Wut überkommt sie. Emilia denkt über ihren Mann nach. Schließlich legt sie sich auf Philipps Ledersofa, gibt sich ihrer Lust hin und masturbiert.

Emilias Erwachen

Die Figureneinführung Emilias offenbart ihre derzeitige Krisensituation, sodass ihre desolate Lage und psychische Verfassung zum Ausdruck kommen. Der Leser wird mit ihrer ungebändigten Aggressivität, der Widersprüchlichkeit ihres Denkens und der Vielfältigkeit ihrer Gefühle konfrontiert. Zugleich verdeutlicht dieser Erzählabschnitt aber auch die Verletzbarkeit und Einsamkeit Emilias, da sie, von Philipp verlassen, hilflos und verloren wirkt. Ihre Angst, ihr Schmerz und die Sehnsucht nach Philipp entladen sich im Akt der Selbstbefriedigung.

Emilias Verlorenheit

Figureneinführung Emilia

- tierlieb, menschenscheu (S. 30)
- ambivalenter Charakter („gute"/ „böse" Emilia, S. 31)
- cholerisch, tobend, rasend (S. 36f.)
- Trennung/Ehekrise (S. 30ff.)
- Hassliebe gegenüber Philipp
- Selbstzweifel (S. 31ff.)
- Trauer um den Verlust des Erbes (S. 32f.)
- depressive/melancholische Stimmung (S. 32f.)

Verdrängung und Flucht, Einsamkeit und Gefühl des Verlorenseins

Abschnitt 16 (S. 32)

äußere Gegensätzlichkeit

Odysseus engagiert Josef als Träger und überlässt ihm das Kofferradio. Er sieht auf den kleinen Dienstmann herab, erblickt seine abgetragene Kleidung und erkennt in Josef eine kindliche Offenheit. Trotz der Unterschiede verstehen sich die beiden und sind sich sympathisch. Diese beiden disparaten Figuren stehen stellvertretend für ihre Herkunftsländer und deuten auf die gravierenden Unterschiede zwischen der Bundesrepublik Deutschland und der Siegermacht USA hin. So symbolisiert Odysseus den Einfluss und die Souveränität der amerikanischen Besatzungsmacht. Josef hingegen verkörpert die Armut und Hilfsbedürftigkeit Deutschlands in seiner Rolle als Kriegsverlierer.

Abschnitt 17 (S. 33)

Erinnern an Vergangenes

Emilia liegt immer noch nackt auf dem Sofa in Philipps Arbeitszimmer und fragt sich beim Blick auf den geöffneten Bücherschrank, für wen sie sich eigentlich opfere. Sie erblickt die wertvollen Bücher der Vorfahren, die im Gegensatz zu Philipp viel Geld verdient haben. Daneben stehen Philipps zerlesene Bücher. Vor dem Bücherschrank liegt Emilia und versucht vergeblich, die Wirklichkeit zu vergessen. Als Kind hat man ihr in Aussicht gestellt, sie erbe das Millionenvermögen der Familie und könne später ein sorgloses Leben führen. Doch mittlerweile hat sie ihren gesamten Besitz verloren. In Form eines Bewusstseinsstroms werden Inhalte aus den verschiedenen Büchern, die sich in Philipps Bibliothek befinden, und bruchstückhafte Erlebnisse aus Emilias früherem Leben miteinander verbunden. Schließlich besinnt sie sich wieder auf ihren Körper, der ihr vertraut ist.

Emilias Wirklichkeitsflucht

Durch die ungeordnete Darstellung ihrer Reflexionen lässt sich Emilias Bestreben, der Wirklichkeit zu entkommen, ableiten. Dieses mündet in den Akt der Selbstbefriedigung. Der Leser erhält dadurch einen Einblick in ihre Gedanken- und Gefühlswelt. Indirekt lassen sich auch Hinweise auf Philipps Bibliothek finden, die eine Auswahl moderner internationaler Literatur repräsentiert (vgl. S. 33f.).

Abschnitt 18 (S. 36, Z. 1)

Philipps Schreibtisch erscheint Emilia als ambivalenter Ort: Einerseits knüpft sie ihre Hoffnungen an einen möglichen schriftstellerischen Erfolg ihres Mannes, andererseits hasst sie den Ort, weil Philipp nichts schreibt. Sie fordert Rechenschaft für den Verlust ihres Erbes, das in den Wirren des Krieges verloren gegangen ist. Erinnert wird auch an Emilias Wutausbruch am vergangenen Abend, der dazu geführt hat, dass Philipp die Wohnung verlassen hat. Sie ist durch das gemeinsame Haus gerannt und hat die Nazis beschimpft, Deutschland ins Elend und sie um ihren Besitz gebracht zu haben. Ebenso klagt Emilia ihren Vater, der sich während der NS-Zeit versteckt gehalten hat, als Mitläufer an. Schließlich taumelt sie immer noch nackt zu Philipps Schreibtisch, spannt einen Bogen Papier in die Schreibmaschine und schreibt: „Sei nicht böse. Ich liebe dich doch, Philipp. Bleib bei mir." (S. 37)

Emilias Leiden an den materiellen Verlusten/ihr Wutausbruch

Die Enttäuschung über die materiellen Verluste und die damit verbundene Notwendigkeit, den Hausrat zu verkaufen, führen in einer Art kindlicher Egozentrik zu einem trotzigen Aufbäumen und einer generellen Schuldzuweisung Emilias an andere. Es fehlt ihr, wie auch Dr. Behude diagnostiziert, die Fähigkeit, sich den veränderten Lebensbedingungen anzupassen. So lässt ihr Verhalten auch Philipp gegenüber irrationale Züge erkennen: Sie weist ihm die Schuld an ihrem materiellen Elend zu, hinterlässt ihm aber andererseits eine Liebesbotschaft.

Emilias Egozentrik

Abschnitt 19 (S. 37)

Richards Überlegenheit

Richard Kirsch, ein deutschstämmiger 18-jähriger amerikanischer Luftwaffensoldat, kommt in Deutschland an. Aus dem Flugzeug betrachtet er gleichgültig das Land seiner Vorfahren. Er verhält sich distanziert zu den zurückliegenden Kriegserlebnissen, sie sind für ihn Geschichte. Richard überlegt, ob er, wäre er schon älter gewesen, hier Bomben hätte abwerfen und sterben können und wo er in Zukunft Bomben werde abwerfen müssen.

Abschnitt 20 (S. 40)

Odysseus und Josef in der Stadt

Odysseus und Josef gehen durch die Straßen der Stadt und erregen Aufsehen. Vorbeigehende Mädchen überlegen, ob sie sich auf einen schwarzen Soldaten einlassen könnten. Verlockend wirkt sein Körper, abschreckend sein Außenseitertum. Die beiden kommen an Stehausschänken vorbei und werden von zwielichtigen Händlern und Zuhältern angesprochen. Doch Odysseus lässt sich auf sie nicht ein. Das ungleiche Paar schlendert durch eine zwischen Trümmern errichtete Einkaufsstraße, in deren Verschlägen bereits wieder Luxusartikel angeboten werden.

Großstadtpanorama

Dieser Erzählabschnitt verdeutlicht die vorherrschende Atmosphäre in der Stadt und offenbart dem Leser ein charakteristisches Bild der Großstadt: Sie erscheint wie ein Ort, an dem unerklärliche, bedrohliche Mächte wirken. Die zunehmende Dynamik, die Vielfalt der Menschen und ihres Denkens, die spezifischen Probleme der Verarmung sowie die Gegensätzlichkeit der Bauten werden aufgegriffen und lassen die Großstadt als Lebensraum zu einem zentralen Thema des Romans werden.

Abschnitt 21 (S. 42)

Emilias materielle Notlage

Emilia steht an einer roten Ampel. Sie ist auf dem Weg zum Leihamt und zu diversen Händlern, um einige ihrer Besitztümer zu verkaufen. Ihre ehemals vornehme Kleidung weist Spuren des Verschleißes auf.

Abschnitt 22 (S. 43)

Der amerikanische Dichter Mr. Edwin ist in der Stadt eingetroffen und fährt in einem Cadillac über dieselbe Kreuzung, an der sich Emilia sowie Odysseus und Josef befinden. Mr. Edwin fühlt sich allein gelassen, müde und alt, sein äußeres Erscheinungsbild hingegen wirkt edel und gepflegt. Er ist gekommen, um am Abend einen Vortrag über die europäische Kultur und die „unvergängliche Seele des Abendlandes" (S. 44) zu halten, zweifelt aber daran, ob er den Menschen eine sinnstiftende Botschaft vermitteln kann. Es folgt der Hinweis, dass er vielleicht in dieser Stadt sterben wird. Der schwarze Cadillac erscheint plötzlich wie ein Sarg.

Edwins Ankunft

Edwin, zur europäischen Elite gehörend und Vertreter des christlich-abendländischen Denkens, zweifelt an seinem Wissen, welches zwar eine sorgfältig ausgesuchte und verarbeitete Essenz aus den Schriften abendländischer Kultur ist, jedoch in seinen Augen keine sinnstiftende Botschaft enthält. Die Figureneinführung Edwins verdeutlicht neben seinen Zweifeln auch seine äußerst melancholische Grundstimmung. Diese Figurendarstellung ist im Roman durchgängig an vorausdeutende Todesmotive geknüpft.

Zweifel und Todesahnung

Abschnitt 23 (S. 45)

Dr. Behude, noch geschwächt von der Blutspende, wird vom Auto des Konsuls gestreift, findet aber sein Gleichgewicht wieder. Am Abend will er zu dem Vortrag im Amerikahaus, befindet sich jetzt aber auf dem Weg zu seinem Patienten Schnakenbach, dem er ein Rezept für ein Wachhaltemittel bringen will. Er denkt über Emilia und Philipp nach, wobei er Emilia psychisch für gefährdeter hält als

Behudes Gedanken

Philipp. Während Dr. Behude die Kreuzung überquert, übersieht er Emilia, die an der Ampel steht.

Gewissen-haftigkeit — Ansatzweise lässt sich in diesem Abschnitt Behudes Gewissenhaftigkeit erkennen, da er sowohl seine körperliche Ermüdung als auch seine Kopfschmerzen ignoriert, um seinem tablettensüchtigen Patienten das Rezept zu bringen. Seine Sorgen um Emilias psychische Verfassung zeugen von Empathie und Mitgefühl.

Abschnitt 24 (S. 46)

Washingtons Sorge — Washington Price, ein schwarzer amerikanischer Sergeant und berühmter Baseballspieler, überlegt, während er an der Kreuzung vorüberfährt, ob er Benzin aus dem Depot der Streitkräfte stehlen sollte. Er benötigt Geld, um seine deutsche Freundin Carla Behrend zu beeindrucken, die von ihm schwanger ist und das Kind nicht bekommen will. Er denkt, für einen reichen Afroamerikaner stünden die Chancen in dieser Welt besser. Washington sorgt sich um Carla, das gemeinsame Kind und ihre Zukunft. Schließlich entscheidet er sich gegen den Diebstahl und entschließt sich, Geld auf legale Weise zu beschaffen und ihr ein Geschenk zu kaufen.

Liebe zu Carla — Die Einführung Washingtons in die Romanhandlung erfolgt zunächst durch den Verweis auf die „horizontblaue Limousine" (S. 46). Damit wird deutlich, worum ihn die Deutschen beneiden: seinen Besitz und seine finanziellen Möglichkeiten. Jedoch fehlt ihm das nötige Geld, mit dem er, wie er meint, seine Freundin Carla für ein gemeinsames Leben gewinnen kann. Bereits in diesem Erzählabschnitt zeigen sich Washingtons Fürsorge, Ehrlichkeit und Zuneigung zu Carla.

Abschnitt 25 (S. 47)

Carlas Sorgen und Ängste — Carla, die 30-jährige Tochter von Frau Behrend, will zu Dr. Frahm, um einen Schwangerschaftsabbruch vornehmen zu lassen. Sie erinnert sich daran, wie ihre Beziehung zu Washington begonnen hat. Da ihr Mann im Krieg verschollen ist, hat sie, um ihren Sohn Heinz und sich zu ernähren, eine Stelle bei der US-Transportgruppe angenommen. Dort hat sie Washington Price kennengelernt, der sie immer öfter nach Hause fährt und ihr Lebensmittel und Zigaretten schenkt. Sie werden ein Paar und Washington muss fortan ihr gesamtes soziales Umfeld mit Waren aus dem amerikanischen Kaufhaus versorgen. Sie kündigt ihre Stelle und zieht mit ihrem Sohn in ein Haus, in dem zahlreiche Prostituierte wohnen. Carla ist ihm treu, zweifelt jedoch an ihrer Liebe zu ihm. Sie will Washington zwar heiraten, möchte jedoch zu diesem Zeitpunkt noch kein Kind von ihm.

Dieser Erzählabschnitt verdeutlicht Carlas Zweifel und ihre innere Zerrissenheit. Zwar vermag sie sich anfangs der sozialen Ächtung, der sie durch ihre Beziehung mit Washington ausgeliefert ist, zu widersetzen, jedoch flüchtet sie sich in eine heile Traumwelt, die von dem Glücksversprechen der amerikanischen Warenwelt bestimmt wird. Ihre Schwangerschaft zwingt sie dazu, sich der Realität zu stellen, und ihr wird bewusst, dass sie mit einem schwarzen Kind sowohl in Deutschland als auch in Amerika diskriminiert werden würde. Folglich entscheidet sie sich für den Schwangerschaftsabbruch.

emotionaler Konflikt

Abschnitt 26 (S. 50)

Eine Reisegruppe amerikanischer Lehrerinnen aus Massachusetts ist zu Besuch in Deutschland und fährt mit einem Reisebus über die Kreuzung. Die Amerikanerinnen würden, so führt der Erzähler an, von den Deutschen aufgrund ihres Aussehens und Auftretens nicht für Lehrerinnen gehalten, seien doch die deutschen Lehrerinnen „arme verschüchterte Wesen" (S. 51). Zum einen wird Katharine Wescott erwähnt, die alles mitschreibt, was sie über Deutschland

Eindrücke von Deutschland

Vorurteile

erfährt. Zum anderen wird die junge Amerikanerin Kay genannt, die vom Land der Dichter und Denker enttäuscht ist. Sie überlegt, ob dieses Deutschland nur eine Erfindung ihres Germanistikprofessors sei, eines emigrierten Deutschen. Kay sehnt sich danach, der Reisegruppe zu entkommen, um einen deutschen Dichter kennenzulernen. Während Miss Wescott nur die Unterdrückung der Frau wahrnimmt, sieht Miss Burnett in den Deutschen das alte Soldatenvolk.

(indirekte) Kritik am Verhalten der amerikanischen Touristen

Hier wird ein Bild der amerikanischen Lehrerinnen gezeichnet, welches auf den Leser sowohl befremdlich als auch geistlos wirkt. Insbesondere das Verhalten und die Haltung von Miss Wescott stechen hervor, da sie alles mitschreibt und den Besuch als „historische Stunde, Amerika in Deutschland" (S. 51) bezeichnet. Es zeigt sich, dass die Amerikanerinnen das gesellschaftliche Leben lediglich als touristische Attraktion wahrnehmen.

Abschnitt 27 (S. 53)

Emilia begegnet Alexanders Frau Messalina an der Ampel. Um der Begegnung und dem Gespräch zu entkommen,

Emilias Scham

versteckt sie sich in einem Pissoir. Sie schreckt vor den Männern zurück und kann Messalina, die sie erblickt hat, nicht mehr entkommen. Messalina lädt sie zur Party ein. Emilia fühlt sich von der monströsen Messalina eingeschüchtert, ihr ist die Situation peinlich, da sie auf dem Weg zum Pfandleiher ist.

Der Leser erhält bereits durch die Figureneinführung Messalinas ein sehr treffendes Bild von ihr: Ungehemmt stürzt sie sich auf Emilia und profiliert sich durch eine derbe Ausdrucksweise und sexuelle Anspielungen. Ihr dominantes und schrilles Auftreten verschreckt ihre Mitmenschen. Sie überschreitet so oftmals Grenzen.

Messalinas Auftreten

Abschnitt 28 (S. 55)

Odysseus und Josef gehen in die alte, halb zerstörte Kneipe „Zur Glocke". Josefs Vorschlag, ein Bier zu trinken, stimmt Odysseus mit einem kräftigen Schlag auf die Schulter zu.

Odysseus und Josef im Wirtshaus

Anschnitt 29 (S. 55)

Aus Geldnot hat Philipp eine Arbeit als Vertreter für einen Patentkleber angenommen. Er betritt nach langem Zögern das Schreibmaschinengeschäft, wagt aber nicht, den Grund seines Erscheinens zu nennen. Philipp erkennt, dass er überflüssig und feige ist. Er fühlt sich Emilia gegenüber schuldig. Schließlich gibt er sich als Kunde aus und testet ein Diktiergerät, indem er seine persönlichen Fantasien über eine Begegnung mit Edwin auf das Band spricht. Beim Abspielen der Aufnahme erschreckt er so sehr über seine Stimme, dass er fluchtartig das Geschäft verlässt.

Philipps Flucht

Exemplarisch zeigen sich in diesem Abschnitt Philipps auffallendste Charaktermerkmale: der Rückzug und das Zaudern. Er entzieht sich seiner Verantwortung, der Arbeitswelt und auch der ersten Verkaufssituation.

Abschnitt 30 (S. 59)

Odysseus und Josef sitzen im gut besuchten Wirtshaus „Zur Glocke" und trinken Bier, im Kofferradio läuft das Lied „Candy". Der Friseur Klett isst eine Weißwurst, während

Verklärung der NS-Vergangenheit

Messalina in seinem Geschäft unter der Trockenhaube wartet. Einige Männer prahlen mit ihren Kriegstaten, rühmen die Disziplin bei der SS und singen gemeinsam.

Abschnitt 31 (S. 61, Z. 1)

Washingtons Telefonat mit den Eltern

Washington ruft von einer Telefonzelle beim „Central Exchange" aus seine Eltern in Baton Rouge, Louisiana, an. Durch das Schellen des Telefons wachen diese auf; sie ahnen nichts Gutes. Washington informiert sie darüber, dass er Carla heiraten will, dass sie ein gemeinsames Kind erwarten und dass er Geld braucht. Seine Eltern fragen sich, wie er mit einer weißen Frau in ihrem Viertel leben wolle. In einem „Negerviertel" (S. 62), in dem eine Weiße unerwünscht sei, wie früher in Deutschland die Juden. Wegen dieser Diskriminierung sei Washington in den Krieg nach Europa gezogen, in seiner Heimat jedoch existiere diese noch immer gegenüber den Afroamerikanern. Angesichts der Erfahrungen mit dem bestehenden Rassismus träumt Washington von der Eröffnung eines Hotels bzw. einer Bar namens „Washington's Inn" mit der Türaufschrift „NIEMAND IST UNERWÜNSCHT" (S. 63). Er weiß, dass seine Eltern ihm entgegen allen Zweifeln das hart erarbeitete Geld schicken werden.

Traum von Gleichheit

Dieser Erzählabschnitt beleuchtet die verschiedenen Formen rassistischer Diffamierung. Washington, der in den Krieg gezogen ist, um gegen die Diskriminierung zu kämpfen, befindet sich nun in einer aussichtslosen Situation, da er mit seiner weißen Frau Carla niemals im „Negerviertel von Baton Rouge" (S. 62) leben könnte, ohne der sozialen Ächtung ausgesetzt zu sein. Vor diesem Hintergrund entwickelt er eine eigene Utopie: in Frankreich ein Lokal aufzumachen. Er hält somit an dem Glauben an die Gleichheit der Menschen fest.

Entwicklung einer Utopie

Abschnitt 32 (S. 64)

Auch Carla fürchtet sich vor Diskriminierung und sucht Dr. Frahm, Facharzt für Frauenheilkunde und Chirurgie, auf, um eine Abtreibung vornehmen zu lassen. Sie befürchtet gesellschaftliche Nachteile und Ausgrenzung, wenn sie ein schwarzes Kind zur Welt bringt. Dr. Frahm reflektiert in einem inneren Monolog über ethische Fragen und die Zukunft des ungeborenen Kindes. So fragt er sich, wann das Leben beginne, denkt über die Gefahren nicht medizinischer Abtreibungen und die Irrwege der „Rassenreinhaltung" (S. 66) nach. Schließlich stimmt er dem Schwangerschaftsabbruch zu.

Carlas Angst vor Diskriminierung

Abschnitt 33 (S. 66)

Washington sucht nach einem Geschenk für Carla und lässt sich im „Central Exchange" Damenwäsche zeigen. Er denkt an Kinderwäsche, entschließt sich aber dann für Reizwäsche, weil er glaubt, Carla würde lieber selbst die Wäsche für das Ungeborene aussuchen. Die Verkäuferin vermutet, Washington sage nicht, was er wolle, und unterstellt ihm, er lasse seine Frau mit dem Kind sitzen. Die Gedanken der Verkäuferin während des Gesprächs spiegeln ihr von Vorurteilen geprägtes Denken wider, entlarven aber auch ihre eigene Scheinheiligkeit und Doppelmoral.

Vorurteile gegenüber Washington

Abschnitt 34 (S. 67)

Zur Mittagszeit spielt Odysseus im Wirtshaus „Zur Glocke" Würfelspiele mit den Griechen. Josef versucht, ihn vom Spieltisch wegzuziehen, weil er erkennt, dass es sich um Falschspieler handelt. Odysseus hört nicht auf ihn, weil er hinter den Trick kommen möchte. Das Kofferradio sendet die Nachrichten, in denen von der bedrohlichen weltpolitischen Situation berichtet wird. Zeitgleich spielt die Kapelle ihre Marschmusik und die Kneipengäste kommen in Stimmung.

Odysseus beim Spiel

Montagetechnik — Dieser Erzählabschnitt offenbart das bewusste Verdrängen der Kriegserlebnisse und deren Verklärung. Das parallele Darstellen und miteinander Verknüpfen der verschiedenen zeitlichen Dimensionen (Vergangenheit, Gegenwart, Zukunft) kennzeichnet den sogenannten Montagestil und lenkt den Fokus auf das Fortdauern nationalsozialistischer Mentalitäten.

Abschnitt 35 (S. 69, Z. 1)

Christopher telefoniert mit Henriette — Der aus Kalifornien stammende Steueranwalt Christopher Gallagher telefoniert von der Telefonzelle vor dem „Central Exchange" aus mit seiner Frau Henriette, die sich zurzeit in einem Hotel in Paris aufhält. Er versucht, seine Frau zu überreden, nach Deutschland zu kommen, wo er sich mit dem gemeinsamen Sohn Ezra aufhält. Ihr Mann kann es nicht verstehen, warum sie nicht mit nach Deutschland gekommen ist. Doch Henriette lehnt es ab, in das Land zurückzukehren, in dem ihre jüdischen Eltern ermordet worden sind und aus dem sie selbst vertrieben worden ist. In Henriette steigen die Erinnerungen an ihre Jugend in Berlin auf. Sie denkt an die Deportation und den Tod der Eltern, ihre eigene Ausbürgerung, die schmerzlichen Erfahrungen und Verluste. Ihr Mann versichert ihr, es habe sich alles geändert, und versteht ihre Furcht die Sehnsucht, das Erlebte zu vergessen, nicht. Henriette fordert ihn auf, das „Bräuhaus" und das „Café Schön" (S. 72) zu besuchen. Sie verspürt zwar keinen Hass auf Deutschland, fürchtet aber die Rückkehr. Henriette sehnt sich nach ihrem Zuhause, sie möchte zurück nach Kalifornien.

Henriettes traumatische Erinnerungen — Mit Henriette Gallagher rückt die Seite der Opfer des Nationalsozialismus in den Blick des Lesers. Er erkennt, dass Henriette die Erlebnisse der Vergangenheit und den Tod der Eltern noch nicht verarbeitet hat. Die Furcht vor Deutschland beherrscht sie nach wie vor und die Bilder der Zerstörung und der Gewalt sind fortwährend präsent. Das

Telefonat des Ehepaares verdeutlicht das fehlende Verständnis des Ehemannes für die traumatischen Erlebnisse seiner Frau und offenbart die Unfähigkeit Christophers, einen Zugang zu den Gefühlen Henriettes zu finden.

Henriette Gallagher – Die Perspektive eines Opfers	
ab ca. 1910 • wächst in Berlin auf • gebildetes Elternhaus (Vater Oberregierungsrat) • beste Schülerin des Jahrgangs **ab ca. 1930** • Ausbildung und Schauspielengagement (Süddeutschland) **ab ca. 1933** • reist in Europa umher (Emigrantengruppe) • erhält nur noch unbefristete Aufenthaltsgenehmigung • Ausbürgerung in die USA • hofft in Hollywood auf eine Filmrolle, Nebenjobs	**ab ca. 1935** • Tod der jüdischen Eltern (Abtransport) • lernt Christopher Gallagher kennen und heiratet ihn **1940** • Geburt des gemeinsamen Sohnes Ezra **1951** • Christopher und Ezra besuchen Deutschland, Henriette wohnt währenddessen in Paris, anschließend Rückkehr nach Kalifornien

Abschnitt 36 (S. 73)

Ezra sitzt im Wagen seines Vaters vor dem „Central Exchange". Er stellt sich vor, er sei ein Kampfpilot, der auf die Menschen feuert und eine Bombe auf die Stadt wirft. Er sieht eine Gruppe Kinder, die mit einem Hund spielt. In seiner Vorstellung beschießt er sie und wirft eine Bombe. Auf dem Platz kommt es zu verschiedenen Begegnungen: Heinz, Carlas elfjähriger Sohn, versteckt sich zunächst vor Washington, der einem Mädchen Schokolade und Bananen schenkt, das seinen Wagen geputzt hat. Dann steigt er in seine Limousine.

Ezras Vernichtungsfantasien

Ein amerikanischer Soldat verteilt Süßigkeiten

Heinz' ambivalentes Verhältnis zu Washington

Nachdem Washington abgefahren ist, kommt Heinz aus seinem Versteck und sagt, das sei der „Nigger" (S. 75) seiner Mutter. Die Kinder auf dem Platz sind beeindruckt und Heinz prahlt mit Washingtons Kraft, seinem Reichtum und seinem sportlichen Erfolg. Währenddessen beobachtet Ezra in einer Art Traum Heinz, der einen jungen Hund am Bindfaden hält.

Ezra träumt von der Vergangenheit

Der Erzähler verweist auf die Zeit, in der er krank gewesen ist und seine Mutter ihm von ihren traumatischen Kriegserlebnissen erzählt hat. Seine Mutter weinte damals und seine verstorbenen Großeltern wurden zu Gestalten aus deutschen Märchen. Ezra möchte den kleinen Hund kaufen und die beiden 11-Jährigen verabreden sich für den Abend am Bräuhaus, um den Handel abzuschließen.

Kinder als Spiegel der Erwachsenenwelt

Der Leser erfährt Näheres über die Ängste und Fantasien der beiden Jungen. Beide sind zu einer kindgerechten und menschlichen Begegnung nicht fähig, sodass ihr Verhalten von Betrug, Kampf und Misstrauen geprägt ist. Ihr Verhalten wird zum Spiegel der Erwachsenenwelt und deutet an,

Inhalt, Aufbau und erste Deutungsansätze 35

inwiefern die Erlebnisse des Krieges sich in den nachfolgenden Generationen manifestieren. Ezras brutale Aggressions- und Kriegsfantasien sind auf die ungewollte Konfrontation mit den traumatischen Erfahrungen der Mutter zurückzuführen. Die Trauer Henriettes nicht verstehend, kommt es bei Ezra zu einer seltsamen Verknüpfung zwischen Wirklichkeit, Holocaust und Märchenwelt.

Heinz ist, ähnlich wie seine Mutter, emotionalen Schwankungen ausgesetzt und in seiner Haltung gegenüber Washington sehr zwiespältig. Der Junge wächst ohne Vater und eine stabilisierende Familie auf, Verlustängste und Misstrauen bestimmen seine Gefühlswelt.

Die Darstellung der Kinder im Roman

Abschnitt 37 (S. 81)

Odysseus durchschaut den Trick der Falschspieler, wendet ihn selbst an und gewinnt. Die Kapelle spielt ein Jagdlied und Josef empfängt für ihn nicht verständliche Nachrichten aus dem Kofferradio. Odysseus zahlt mit einem großzügigen Trinkgeld das Bier, danach verlassen er und Josef das Lokal. Durchgängig wird die Figur des Odysseus in Bezug zur griechischen Mythologie, zur Hauptgestalt aus Ho-

Odysseus gewinnt

mers *Odyssee*, konstruiert. Die *Odyssee* schildert die Abenteuer des Königs Odysseus von Ithaka, der sich mit seinen Gefährten auf einer zehnjährigen Heimfahrt aus dem Trojanischen Krieg befindet. Der Begriff *Odyssee* ist dadurch zu einem Synonym für lange Irrfahrten geworden. Odysseus war einer der bekanntesten griechischen Helden und berühmt für seine listigen Ideen und seine Tatkraft. So ist die Anlehnung an die griechische Vorlage, wie in dieser Erzählpassage deutlich wird, zum Beispiel in Odysseus Beobachtungsgabe, seiner List und seinem selbstbewussten Auftreten zu sehen.

Odysseus flieht unter einem Widder versteckt

Abschnitt 38 (S. 84)

Washington möchte Carla in ihrer Wohnung besuchen, die in einem Haus liegt, das als Bordell genutzt wird. Er spürt die misstrauischen Blicke der anderen Bewohner, in deren Augen die Limousine ein Vermögen kostet. Carla und Washington leiden unter der Wohnsituation. Carla ist der Meinung, sie bekommt mit einem Afroamerikaner keine andere Wohnung, und erwartet entsprechende Gegenleistungen. In Carlas Zimmer betrachtet Washington die Familienfotos, die u. a. Carlas verschollenen Mann und ihren Sohn zeigen. Auch von Washington selbst befindet sich ein Foto auf der Spiegelkommode. Er tröstet sich über die „Hässlichkeit des Daseins" (S. 88) mit dem Gedanken an das gemeinsame Kind und damit, dass „bald ein neues Bild am Spiegel stecken" (ebd.) wird.

Schließlich erfährt Washington von der Vermieterin Frau Welz, dass Carla bei Dr. Frahm ist, um den Schwangerschaftsabbruch vornehmen zu lassen. Washington ist erschrocken.

Das fremdenfeindliche und selbstgefällige Verhalten der Bewohner verkörpert im Kleinen das Denken und Handeln der gesamten Bevölkerung, welche somit ein Abbild der Gesellschaft darstellen, und es wird deutlich, wie belastend sich die Situation auf die Beziehung von Carla und Washington auswirkt.

Fremdenfeindlichkeit

Abschnitt 39 (S. 89)

Emilia ist auf dem Weg vom Städtischen Leihamt zum Pfandleiher Unverlacht und denkt über den Zerfall ihres Erbes nach. Den materiellen Verlust bewertet Emilia als persönlichen Schicksalsschlag, sodass sie sich zwanghaft an das längst Vergangene klammert. Emilia wird in diesem Kontext vom Erzähler als „Prinzessin im Lumpenpelz" (S. 93) charakterisiert.

Emilias sozialer Abstieg und ihre materiellen Verluste

Sie geht nun zum Pfandleiher Unverlacht, einem hinterhältigen und zudringlichen Mann, um einen kleinen Gebetsteppich zu verkaufen. Einerseits benötigt sie das Geld, andererseits will sie Philipp, der den Teppich liebt, dafür strafen, dass er kein Geld besitzt. Emilias Anblick erregt Herrn Unverlacht sexuell, wobei er Emilia äußerst anmaßend und unverschämt entgegentritt. Nach einigem Feilschen nennt Emilia dreißig Mark als endgültigen Preis, wohl wissend, dass Herr Unverlacht ihn anschließend für hundert Mark verkaufen wird.

Insgesamt wird in dieser Passage abermals deutlich, dass Emilia mit dem Verlust ihres Familienvermögens nicht fertig wird und sehr unter dieser Situation leidet. Sie ist gezwungen, den ererbten Hausrat zu verkaufen, wobei sich ihre Unfähigkeit zeigt, die veränderten Bedingungen zu akzeptieren. Hierin zeigt sich ihr Charakter, die Verluste in kindlicher Egozentrik zu beklagen.

Emilias Egozentrik

Abschnitt 40 (S. 97)
Philipp soll im Auftrag des „Neuen Blattes" ein Interview mit Edwin führen. Als er in dessen Hotel eintrifft, kommt es zu einer Reihe von Verwechselungen: Zunächst wird Philipp für Edwin selbst gehalten, anschließend für seinen Sekretär und schließlich für seinen Freund, obwohl er ihn persönlich gar nicht kennt, sondern nur seine Werke. In dem Durcheinander lernt Philipp die drei amerikanischen Lehrerinnen kennen, von denen die 21-jährige Kay ihn an Emilia erinnert. Er ist von ihrer Frische beeindruckt, sie strahlt für ihn die Weite einer fremden Welt aus.

Verwechslung Philipps

Abschnitt 41 (S. 104)
Philipp erkennt, dass er nicht in der Lage ist, das Interview zu führen, und möchte flüchten. Als er die Treppe zu den Hotelzimmern benutzt, in der Hoffnung einen Notausgang zu finden, um das Hotel unauffällig verlassen zu können, begegnet er Messalina, die ihn bereits zuvor beobachtet hat. Ihr ist ebenfalls Kays Ähnlichkeit mit Emilia aufgefallen und sie unterstellt Philipp, Kay verführen zu wollen. Schließlich beendet Philipp das Gespräch abrupt und flieht vor ihr in die Küche des Hotels.

Philipps Flucht

Abschnitt 42 (S. 106)
Edwin hält sich in seinem Hotelzimmer auf. Er fühlt sich nicht gut und denkt über seine Situation und die Zukunft der Stadt nach. Edwin lebt diszipliniert, traditionsbewusst und fühlt sich selbst zur letzten Elite des Abendlandes zugehörig. Als Edwin in die Halle gehen will, entdeckt er Messalina und flieht vor ihr. Seine Flucht führt ihn in die Hotelküche und den Hinterhof.

Edwins Einsamkeit

Dort begegnen sich Edwin und Philipp, die sich zwar wahrnehmen, aber nicht fähig sind, miteinander zu sprechen. Die sich in der Mitte des Romans befindende Passage der Begegnung zwischen den beiden Künstlerfiguren erscheint für den Leser durch das Aufgreifen des Doppelgängermotivs grotesk. Edwin hält Philipp durch eine Sinnestäuschung für „sein Spiegelbild, für seinen Doppelgänger" (S. 111). Philipp erkennt Edwin und wittert seine Chance, mit ihm zu reden. Beide Männer haben den Wunsch, miteinander zu sprechen, sind jedoch in der Welt ihrer eigenen Reflexionen und Gefühle so sehr verhaftet, dass eine Kommunikation unmöglich erscheint. Von Zweifel, Trauer und Sorge gequält schweigen sie und verlassen das Hotel.

Doppelgängermotiv/Kommunikationslosigkeit

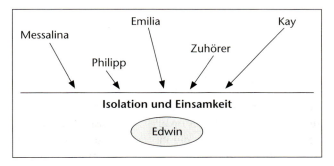

Abschnitt 43 (S. 112)

Carla Behrend sucht ihre Mutter im Domcafé, in dem sich diese nachmittags häufig aufhält. Der Gedanke, in Gesellschaft ihrer Tochter gesehen zu werden, beunruhigt Frau Behrend, da ihr Carlas Lebensumstände und die Beziehung zu Washington peinlich sind. Carla, von Zweifeln geplagt, befindet sich auf dem Weg zur Klinik. Sie hat das Bedürfnis, ihre Mutter zu sehen, jedoch erstirbt beim Anblick ihrer Mutter dieser Wunsch.

Distanz zwischen Mutter und Tochter

Abschnitt 44 (S. 114)

Odysseus und Josef besteigen den Domturm und blicken über die vom Krieg gezeichnete Stadt. Angesichts ihrer Zerstörung denkt Josef über den Wahnsinn des Krieges nach. Er sei eine wiederkehrende „Pest" (S. 115), die ihm

Josef und Odysseus auf dem Domturm

bereits seinen Sohn genommen habe. Josef äußert den Wunsch nach einem polizeilichen Verbot des Krieges, welchem er gerne „gehorcht" hätte (vgl. S. 115). Odysseus hingegen genießt den Blick über die Stadt und stellt sie sich als einen Dschungel vor.

Josefs pazifistisches Credo

Obwohl auch Josef nur in Ansätzen über ein politisches Bewusstsein verfügt und sich aus den Fesseln seiner Sozialisation und den obrigkeitsstaatlichen Denkmustern kaum zu befreien vermag, unterscheidet er sich doch von allen anderen Figuren darin, dass er über seine individuelle Verantwortung und Schuld nachdenkt. Sein pazifistisches Credo erscheint zwar angesichts der gesellschaftlichen Wirklichkeit als naiv, wirkt aber vor dem Hintergrund seiner Lebensbilanz glaubwürdig.

Abschnitt 45 (S. 116)

Frau Behrends Verachtung

Im Domcafé denkt Frau Behrend über die „Schande" ihrer Tochter nach. Sie wünscht ihre Tochter nach Amerika, damit sie nicht mit dem Kind in ihr Café kommen kann. Carla ahnt die Gedanken ihrer Mutter und wundert sich darüber, dass diese bereits alles weiß. Sehr deutlich kommen im Gespräch die Entfremdung und emotionale Kälte zwischen Mutter und Tochter zum Ausdruck. Frau Behrends Egoismus, ihr rassistisches Denken, ihre Intoleranz und Sozialangst verhindern, dass sie ihrer eigenen Tochter in dieser schwierigen Situation beisteht. Eine grundlegende Kommunikationsunfähigkeit und der Bruch zwischen Mutter und Tochter sind die Folge.

Distanzierung zu ihrer Tochter

„Familienkreis Behrend"

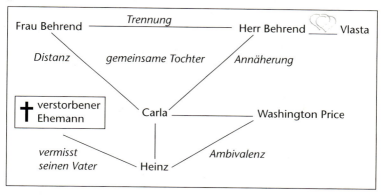

Abschnitt 46 (S. 117, Z. 1)
Washington sucht Dr. Frahm in dessen Praxis auf, um sich nach Carla zu erkundigen. Mit Erstaunen und Verwunderung erkennt der Arzt Washingtons Verzweiflung und beschließt, den Schwangerschaftsabbruch nicht vorzunehmen.

Washingtons Sorge

Abschnitt 47 (S. 117)
Carla und ihre Mutter sitzen schweigend im Kaffeehaus. Carla kann die Gedanken ihrer Mutter erraten, die ihren eigenen sehr nah kommen. Carla denkt über ihre Situation nach und entschuldigt ihre „Schande" vor sich selbst mit der „unordentlich gewordenen Zeit" (S. 118).

Carlas missliche Situation

Abschnitt 48 (S. 118)
Die Kinderfrau Emmi will, dass die kleine Hillegonda zur Beichte geht, damit sie von den „Sünden" (S. 119) der Eltern befreit wird. Das Kind weiß jedoch nicht, was es beichten soll, und fürchtet sich in der Kirche.
Die Angst der kleinen Hillegonda angesichts der kalten, dunklen Kirche, der gnadenlosen Strenge ihrer Kinderfrau und der fehlenden menschlichen Zuneigung lässt auf die

Hillegondas Ängste

immense Verzweiflung des Kindes schließen. Die zur Schau getragene Religiosität ihrer Kinderfrau wirkt gerade angesichts der psychischen Verfassung des Kindes unmenschlich und widersinnig.

Abschnitt 49 (S. 119)

Alexanders Erschöpfung

Nach Beendigung eines Drehtages wird Alexander in der Garderobe des Filmstudios abgeschminkt. Er fühlt sich müde und möchte die bevorstehende Party absagen, weiß aber schon, dass er dies Messalina nicht sagen kann.

Hier offenbart sich der sehnliche Wunsch Alexanders nach Ruhe und Einkehr. Die Substanzlosigkeit seines Schauspielerlebens sowie die Oberflächlichkeit seiner Beziehung lassen sich erahnen.

Abschnitt 50 (S. 120)

Messalinas Vorbereitungen

Messalina sitzt in der Hotelbar und bereitet die Party vor. Sie sucht verzweifelt in ihrem Notizbuch nach Adressen von Mädchen, die sie zur Party einladen könnte.

Messalina und Alexander – Welt des Schauspiels und Scheins

äußerlich	innerlich
• „das pompöse, groteske Denkmal"	• Unsicherheit, Schüchternheit
• „erfolgreicher Erzherzog"	• Gefühl der Einsamkeit
• Partys, Orgien, Rausch	• Bedürfnis nach Ruhe und Einkehr

Leere und Sinnlosigkeit werden gezielt überdeckt

Abschnitt 51 (S. 120)

Frau Behrends Urteil über Carlas Leben

Frau Behrend denkt über ihre Tochter nach und klagt über ihre eigene Lebenssituation. Sie führt Carlas Unglück auf ihr eigenes Jammern über ihren Ehemann zurück, der sie wegen einer Tschechin verlassen hat.

Inhalt, Aufbau und erste Deutungsansätze 43

Abschnitt 52 (S. 120)

Richard Kirsch fährt vom Flughafen in die Stadt und ist enttäuscht über das geringe Ausmaß der Zerstörung. Er geht durch die Straßen und ist überrascht über die Warenfülle in den Schaufenstern der Läden. Richard sucht die Wohnung von Frau Behrend, mit der er entfernt verwandt ist. Er wundert sich über die Menschen, die seiner Meinung nach in einem „kranken Ungleichmaß zwischen Trägheit und Hetze" (S. 122) leben. Der Gedanke an seinen Vater, Wilhelm Kirsch, der sich während des Krieges als Waffenmeister in eine Fabrik in den USA versetzen ließ, um dem Frontdienst zu entkommen, beschämt ihn. Amerikas Kriegseinsatz ließ seinen Vater an den Idealen des Landes zweifeln und er wurde zu einem „mit Handfeuerwaffen" (S. 123) handelnden Pazifisten. Richard hingegen ist bereit, für sein Land zu kämpfen.

Richards Eindruck von der Stadt und den Menschen

Richard Kirsch zeigt sich als Vertreter der Siegermacht in seiner eigenen Wahrnehmung als überlegener und kühler Helfer. Doch ist sein Selbstbewusstsein nicht frei von Arroganz, Überheblichkeit und Zynismus. Sich des pazifistischen Verhaltens des Vaters schämend ist er entschlossen, für die Freiheit Amerikas zu kämpfen. Zugleich ist er enttäuscht, dass die Folgen des Krieges kaum noch wahrzunehmen sind, und ihm erscheinen die Menschen orientierungslos.

Selbstwahrnehmung

Abschnitt 53 (S. 123)

Dr. Behude sucht Schnakenbach auf, um ihm das notwendige Wachhaltemittel zu bringen. Der ehemalige Gewerbelehrer Schnakenbach hat sich während des Krieges bewusst unter Schlafentzug gestellt, um nicht eingezogen zu werden. Durch den systematischen Schlafentzug ist sein Organismus so weit geschwächt, dass er für den Einsatz nicht mehr infrage gekommen ist. Die Medikamente haben ihn allerdings schlafsüchtig gemacht, sodass er sich nur mit

Schnakenbachs Krankheit

Belebungsmitteln wachhalten kann. Dr. Behude will Schnakenbach das notwendige Medikament bringen, trifft ihn allerdings in seinem chaotischen Kellerraum nicht an. Mit schlechtem Gewissen verlässt Dr. Behude den Keller.

Die Einführung Schnakenbachs, seiner Lebensumstände und chronischen Krankheit erscheint auf den ersten Blick grotesk und komisch. Jedoch offenbart sich in dieser Figurenkonzeption die mit dem Krieg verbundene facettenreiche Tragik menschlicher Schicksale.

Abschnitt 54 (S. 126)

Carlas Entschluss zur Abtreibung

Carla und ihre Mutter verabschieden sich förmlich vor dem Café. Carla will das Kind nun abtreiben lassen. Sie bedauert, dass sie anstatt mit Washington nicht mit einem weißen Amerikaner ein Verhältnis angefangen hat. Schmerzlich wird ihr bewusst, dass das Kind nicht in ihre bunte Traumwelt passt, und sie gelangt zu der Überzeugung, sie sei „in den falschen Zug" (S. 127) gestiegen. Als sie sich noch einmal umblickt, hat Frau Behrend bereits fluchtartig den Domplatz verlassen.

Carlas emotionaler Konflikt

Deutlich kristallisiert sich heraus, in welchem emotionalen Konflikt sich Carla befindet. Trotz ihrer Beziehung zu Washington besitzt auch sie Vorurteile gegenüber Schwarzen und lehnt aus Angst vor den rassistischen Reaktionen der Mitmenschen das ungeborene Kind ab. Durch ihre Schwangerschaft gerät ihre Welt ins Wanken. Zwar bietet Washington Schutz, Sicherheit und eine höhere Lebensqualität, zugleich bedeuten die Beziehung und das gemeinsame Kind für Carla aber auch die gesellschaftliche Isolation.

Abschnitt 55 (S. 128, Z. 1)

Washingtons Match/Heinz' Zweifel

Washington befindet sich auf dem Spielfeld und spielt Baseball für die Red-Stars. Von der Tribüne aus schauen u. a. Odysseus, Josef und Heinz zu. Carlas Sohn Heinz sieht Washington an, dass er nicht in Form ist, und befürchtet, dass er den nächsten Lauf nicht gewinnt. Heinz schämt sich für Washington und äußert sich verächtlich.

Abschnitt 56 (S. 129)
Richard möchte Frau Behrend besuchen und spricht mit der Tochter der Hausbesorgerin, die ihn kühl und herablassend behandelt, weil sie die Amerikaner zu den „geringen Leuten" (S. 130) zählt und ablehnt. Anmaßend blickt sie auf ihn herab und schickt ihn zu der Lebensmittelhändlerin. Gerade in der Reaktion Fremder auf Richard lässt sich die Diskrepanz zwischen dessen Selbst- und Fremdwahrnehmung erkennen, da er sich als gebildeten und souveränen Amerikaner sieht, im Umgang mit seinen Mitmenschen aber unsicher und schüchtern wirkt (vgl. S. 120ff., S. 133ff.).

Verachtung durch die Tochter der Hausbesorgerin

Abschnitt 57 (S. 131)
Washington scheint das Spiel zu verlieren und Heinz, obwohl er sich innerlich dagegen sträubt, unterstützt die negative Stimmung gegen die Red-Stars lautstark. Auch Christopher und Ezra sind im Stadion. Ezra langweilt das Spiel, er interessiert sich nur für Heinz' Hund. Er will von seinem Vater zehn Dollar, um Heinz damit am Abend zu täuschen.

Washington verliert

Ezras Interesse für den Hund

Abschnitt 58 (S. 133, Z. 1)
Richard, auf der Suche nach Frau Behrend, unterhält sich mit der Lebensmittelhändlerin. Es kommt zu verschiedenen Missverständnissen. Er fühlt sich unwohl in dem Laden und bereut sein Vorhaben, Frau Behrend zu suchen, lässt ihr aber dennoch ausrichten, dass sie ihn abends im Bräuhaus finden könne.

Missverständnisse

Abschnitt 59 (S. 134)
Carla will das Kind abtreiben lassen und geht zur Klinik. Doch dort erfährt sie, dass Dr. Frahm in der Klinik kein Bett für sie reserviert hat. Carla ist erbost über Dr. Frahm, dem

Carlas Ratlosigkeit und Verärgerung

sie in der Vergangenheit so manches Geschenk hat zukommen lassen. Sie beschließt, auf ihn zu warten.

Abschnitt 60 (S. 135)

Josefs Traum

Josef ist auf der Tribüne eingeschlafen und träumt von seinem eigenen Tod. Im Traum setzt er sich mit der Frage auseinander, ob die Pflicht, in den Krieg zu ziehen, Sünde gewesen sei.

Währenddessen hat die Mannschaft Washingtons gesiegt, wodurch bei ihm ein Gefühl der Freiheit ausgelöst wird.

Heinz' Prügelei

Heinz bekennt sich zu Washington und prügelt sich mit den anderen Jungen, während Schorschi, Bene, Kare und Sepp den Jungen zuschauen und sie anfeuern. Heinz bemerkt, dass der Hund entlaufen ist, worüber er sich ärgert.

Washingtons Traum

Unter der Dusche träumt Washington davon, in Paris sein Lokal zu eröffnen. Entgegen allen bisherigen Erfahrungen glaubt Washington an eine bessere Welt, in der es keine Ausgrenzung, keine Intoleranz und kein Misstrauen gibt (vgl. S. 63). Dieser Glaube manifestiert sich in dem Bestreben, alsbald in Frankreich ein Lokal zu eröffnen. Auf das Kind, das Carla und er erwarten, reagiert Washington mit Zustimmung. Es wird für ihn zum Symbol der Hoffnung. Damit stellt er eine Ausnahme dar, da ihn seine bejahende Lebenseinstellung von den meisten anderen Figuren abhebt.

Abschnitt 61 (S. 140)

Dr. Frahms Weigerung

Carla fleht Dr. Frahm an, den Schwangerschaftsabbruch vorzunehmen, doch dieser lehnt Carlas Bitte mit der Begründung ab, dass Washington das Kind haben wolle. Sie ist verzweifelt und empört darüber, dass Washington in der Zwischenzeit mit Dr. Frahm gesprochen hat. Als sie in ihrer Verzweiflung droht, die Abtreibung von „irgendwem" (S. 142) machen zu lassen, weist Dr. Frahm sie auf die medizinischen Risiken hin.

Carlas Verzweiflung

Carlas Gedanken an den Tod wiederum spiegeln ihre Verzweiflung wider.

Inhalt, Aufbau und erste Deutungsansätze   47

Abschnitt 62 (S. 142)

Frau Behrend ärgert sich darüber, dass sie durch das unangenehme Gespräch mit ihrer Tochter Richard verpasst hat. Sie fürchtet, die Lebensmittelhändlerin habe über Carlas verwerfliche Situation gesprochen. Auch glaubt sie ihr nicht, dass Richard sie ins Bräuhaus bestellt hat.

Frau Behrends Befürchtungen

Auffällig ist hier Frau Behrends widersinnige Schuldzuweisung. Es zeigt sich erneut, wie sehr sie in der Welt der Vorurteile verhaftet ist. Sie möchte ihre eigene Tochter aus ihrem Leben verbannen, da durch Carlas Fehlverhalten der „Ariernachweis" (S. 143) nicht mehr möglich sei.

Verurteilung der eigenen Tochter

Abschnitt 63 (S. 144)

Philipp liegt auf dem Patientenbett in Dr. Behudes Praxis und erinnert sich an seine glückliche, friedliche Kindheit im Osten. Ihm wird bewusst, dass er in seinem Leben noch nie Urlaub gemacht hat. Dr. Behudes Bestreben, ihn durch eine Traumreise in einen entspannten Zustand zu versetzen, glückt nicht. Dr. Behude denkt währenddessen über Philipps und Emilias Ehe nach.

Philipps Kindheitserinnerungen

Philipp wird häufig in Situationen des Träumens, der Konzentration auf das innere Erleben und des Sich-Erinnerns gezeigt. Es lässt sich daraus schließen, dass Philipps Unfähigkeit, die Realität zu bewältigen, dadurch kompensiert wird. Auch die Tatsache, dass Philipp ein unermüdlicher Leser ist (vgl. S. 33 ff.), unterstützt diese Annahme, da Lesen immer auch die Flucht in eine fremde Fantasiewelt bedeutet.

Bedeutung des Träumens

Abschnitt 64 (S. 146)

Im Pfandhaus von Frau de Voss begegnen sich Emilia und Edwin. Sie erkennt ihn, da sie ihn auf einer Fotografie auf Philipps Schreibtisch gesehen hat. Sie denkt über einen möglichen Erfolg Philipps als Schriftsteller nach und fürchtet, dass er sie dann verlassen könnte. Andererseits wünscht

Emilia und Edwins Begegnung

sie ihm Erfolg, da er dann Geld habe. Edwin interessiert sich für eine Tasse, die Emilia Frau de Voss anbietet. Während Emilia meint, Mr. Edwin habe sie nicht wahrgenommen, nimmt Edwin sich vor, Emilia und die Tasse in seinem Tagebuch zu erwähnen.

Emilias Verlangen nach Ruhm und das gleichzeitige Bestreben, Philipp an sich zu binden und ihn in Abhängigkeit zu halten, offenbaren ihre Egozentrik und Widersprüchlichkeit.

Abschnitt 65 (S. 150)

Philipp denkt über seine Beziehung nach

Philipp liegt noch auf dem Patientenbett bei Dr. Behude. Er träumt von seiner Kindheit und denkt über Emilia und sein Leben nach. Zudem erfährt der Leser mehr über seine Vergangenheit im Dritten Reich, da er sich selbst als „Gefühlskommunist" (S. 152) bezeichnet, der zwar auf der Seite der Armen stünde, aber keinen Widerstand geleistet habe.

In dieser Passage offenbaren sich Philipps analytische Fähigkeiten, seine Sensibilität und die Vielseitigkeit seiner Gefühle für Emilia. Letztere reichen von Schuldgefühlen und Zweifeln bis zu Liebe und Verlangen.

Abschnitt 66 (S. 153)

Alexanders Leere

Alexander schläft erschöpft auf dem Sofa in seiner Wohnung ein. Er hadert mit sich und seinem Leben und fühlt sich leer. Seine Tochter kommt ins Zimmer, um ihren Vater zu fragen, ob Gott wirklich böse sei, doch Alexander bemerkt sie nicht.

Welt des Scheins

Alexander ist sich der Vordergründigkeit des Starkults bewusst, findet jedoch nicht die Kraft oder den Mut, sich davon zu befreien. Symbolisch überrollt ihn die Müdigkeit, da er keine Kraft für die Bewältigung seines Lebens zu haben scheint. Alexander ist in seiner Welt so gefangen, dass er die Ängste seiner Tochter Hillegonda überhaupt nicht wahrnimmt.

Abschnitt 67 (S. 154)

Odysseus und Josef trinken Schnaps in einer heruntergekommenen Wirtschaft. Odysseus entlohnt Josef mit 50 DM für seine Dienste. Susanne drängt Josef beiseite und nähert sich Odysseus mit der Absicht, ihn zu verführen.

Odysseus begegnet Susanne

In analoger Weise werden wie bei Odysseus auch bei Susanne mythologische Bezüge zu Homers *Odyssee* hergestellt. So bemerkt der Erzähler, dass weder Odysseus noch Susanne wissen könnten, welche „uralte Wesen" (S. 157) sie lenken würden. Die Vielfalt und Komplexität der mythologischen Bezüge führen im Roman oftmals zu einer Überlagerung und Sinnentleerung, sodass sie ihren Wert als Modelle der Weltdeutung verlieren. In diesem Zusammenhang bieten sie aber die Möglichkeit einer weiterführenden Auslegung. So wird durch den Verweis auf antike Mythen das individuelle Leben der Figuren als kollektives Dasein gedeutet und in einen übergeordneten Zusammenhang eingeordnet. Dieser Annahme nach existiert eine Komponente, das kollektiv Unbewusste im Menschen, welche die ererbte Grundlage der Persönlichkeitsstruktur bildet.

Funktion der mythologischen Bezüge

Abschnitt 68 (S. 157)

Emilia versucht, ihren Erbschmuck an den Juwelier Schellack zu verkaufen, doch er lehnt das Geschäft ab. Im Juweliergeschäft befindet sich auch Kay, welcher Emilia schließlich die Kette schenkt, wodurch sie sich beglückt und befreit fühlt. Die beiden Frauen umarmen und küssen sich.

Emilias Befreiungsakt

Das Motiv der Freiheit ist innerhalb des Romans in besonderer Weise an die Figur der Amerikanerin Kay geknüpft. Emilia glaubt, den Geschmack der Prärie zu empfinden, als sie Kay spontan küsst, und während sie ihr den Schmuck schenkt, den sie eigentlich verkaufen will, fühlt sie sich zum ersten Mal frei. Sie hat sich symbolisch von der Last ihres Millionenerbes befreit und ist vorübergehend glücklich.

Motiv der Freiheit

Abschnitt 69 (S. 161)

Aufeinandertreffen von Messalina und Susanne

Messalina hat nach Susanne gesucht und findet diese in der Heiliggeistwirtschaft. Diese sagt zu, am Abend auf Messalinas Party zu erscheinen. Währenddessen wird Odysseus (durch Susanne) bestohlen, worauf sich ein Handgemenge mit mehreren Gästen ergibt, die Odysseus beschimpfen. Schließlich eskaliert die Situation und Odysseus, Josef und Susanne verlassen fluchtartig die Wirtschaft.

Dominanz als Kompensation

Messalina, die im Grunde ihres Wesens schüchtern und unsicher ist, überrollt ihre Mitmenschen förmlich. Schon ihr Äußeres wird als pompös und einschüchternd dargestellt, doch erfährt der Leser in dieser Passage, dass Messalina hinter dieser Fassade lediglich ihre schüchterne, zurückhaltende, unsichere Art verbirgt. Ihre Dominanz dient somit nur der Kompensation, sie ist Selbstschutz, führt zugleich aber auch zu ihrer Isolation.

Abschnitt 70 (S. 164)

Emmi und Hillegonda beichten

Emmi und Hillegonda beichten in der Kirche, als sie plötzlich draußen Schreie hören und Steine gegen die Kirchentür fliegen.

Abschnitt 71 (S. 164)

Odysseus fordert das Geld zurück

Odysseus und Josef werden von der aufgebrachten Menge verfolgt. Odysseus gerät in Not und fordert von dem verängstigten Josef den bereits bezahlten Lohn zurück, weil er wieder im Krieg sei. Josefs unbewältigte Schuldgefühle führen dazu, dass er sich an die Kriegserlebnisse in Frankreich erinnert und in Odysseus jenen Senegalesen sieht, den er getötet hat. Er hält weiter pflichtbewusst den Koffer fest. „Für das Tragen des Koffers war er bezahlt worden. Er musste ihn festhalten." (S. 165)

Inhalt, Aufbau und erste Deutungsansätze 51

Abschnitt 72 (S. 165)

Carla und Washington sind in Carlas Wohnung und streiten sich heftig. Carla ist erbost darüber, dass Washington mit Dr. Frahm gesprochen hat, der daraufhin den Eingriff abgelehnt hat. Washington hingegen bleibt ruhig, schließt Carla in seine Arme und beschwört ihre gemeinsame Liebe.
Carlas Wutausbrüche und ihre Vorwürfe führen bei Washington kurzzeitig zu Zweifeln, er empfindet eine Perspektiv- und Sinnlosigkeit des Daseins. Doch Washington entschließt sich, für seine Beziehung und das Kind zu kämpfen, aus „Trotz" (S. 166), aus „Glaube an den Menschen"(ebd.). Sein unnachgiebiges Festhalten an ihrer Liebe überzeugt Carla letztendlich, sie löst sich von ihren Zweifeln und materiellen Sehnsüchten (vgl. S. 177 f.). Das Paar scheint glücklich vereint und blickt zuversichtlich in die gemeinsame Zukunft.

Streit zwischen Carla und Washington

Versöhnung und Zuversicht des Paares

Abschnitt 73 (S. 166)

Josef wird durch einen Steinwurf am Kopf schwer verletzt und liegt blutend am Boden. Odysseus nimmt Josefs Geld und flieht. Die aufgebrachte Menge verdächtigt Odysseus des Mordes. Der Platz füllt sich mit Menschen. Daraufhin verlässt auch Susanne schnell den Tatort. Josef wird auf einer Trage in das Hospital gebracht, Emmi und Hillegonda folgen ihm.

Josefs tödliche Verletzung

Abschnitt 74 (S. 168)

Philipp geht am Abend, während der sogenannten „heure bleue" (S. 168), durch die lebendige Stadt. Überall sieht Philipp Kampfzonen, sogar in den Seelen der Menschen. Er denkt über seine politische Haltung und die gegenwärtige politische Situation nach. In dieser Passage spiegeln sich abermals Philipps Persönlichkeitsmerkmale wider.
In Fantasien versunken, an Enttäuschungen gewöhnt und mit einem kritisch-distanzierten Blick sieht er sich selber als toleranten Außenseiter, der ungern Position bezieht.

Philipps Unentschlossenheit

Abschnitt 75 (S. 170)

Daseinsmetapher

Die amerikanischen Lehrerinnen besichtigen die Stadt. Sie sind auf dem Weg zum Amerikahaus und unterhalten sich über Kay, die sich bereits am Nachmittag abgesondert hat. Miss Burnett vergleicht die im Gras sitzenden Vögel mit den Menschen und betont damit die Zufälligkeit des Daseins sowie der geschichtlichen Entwicklung. Als Miss Wescott ihr entgegnet, sie solle sich für Weltgeschichte interessieren, entgegnet sie, es sei dasselbe.

Abschnitt 76 (S. 172)

Philipp denkt über Emilia nach

Philipp befindet sich im Weinausschank des „Alten Schlosses" (S. 172) und denkt über Emilia, ihre Alkoholsucht und ihr gemeinsames Leben nach. Er trifft auf den Redakteur des „Abendechos", der ihm Vorwürfe wegen des unterlassenen Interviews mit Edwin macht; als Entschädigung soll er nun vom Vortrag Edwins berichten.

Einen großen Anteil an der derzeitigen Krise hat Emilias Alkoholsucht, der sie aus Verzweiflung unterlegen ist und welche eine vergebliche Problemverdrängung darstellt. Die daraus folgende schizophrene Persönlichkeitsspaltung wird im Bild des Gegensatzpaares Dr. Jekyll und Mr. Hyde aufgegriffen. Damit wird auf die Novelle „Der seltsame Fall des Dr. Jekyll und Mr. Hyde" des Schriftstellers Robert Louis Stevenson aus dem Jahr 1886 Bezug genommen. Sie ist eine der berühmtesten Ausformungen des Doppelgängermotivs in der Weltliteratur. Dr. Henry Jekyll stellt das Muster christlicher Nächstenliebe dar. Seine Neigung zur Gewalttätigkeit spaltet er von sich ab, indem er sie einer zweiten Gestalt, Mr. Hyde, zuordnet. Dies ermöglicht ihm, seinen dunklen Trieben freien Lauf zu lassen. Gleichzeitig verdrängt Dr. Jekyll seine Untaten als Mr. Hyde, indem er als Dr. Jekyll die Verbrechen des Mr. Hyde wiedergutzumachen versucht. Das gespaltene Wesen stellt somit ein menschliches Grundmuster dar und ist

Vergleich mit Dr. Jekyll und Mr. Hyde

in zahlreichen Variationen des Stoffes aufgegriffen worden.
Philipp ist sich Emilias Verzweiflung bewusst, erträgt ihre alkoholbedingte Persönlichkeitsveränderung jedoch nicht. Seine Entschlossenheit, sie durch seine Anwesenheit zu unterstützen, schwindet im Verlauf des Tages.

Abschnitt 77 (S. 174)

Messalina, die vor der Schlägerei geflüchtet ist, sitzt in der Hotelbar und beobachtet, wie sich Emilia und Kay küssen. Messalina ist beunruhigt und wittert eine Verschwörung. Edwin betritt die Bar und betäubt sein Lampenfieber vor dem Vortrag mit einem Kognak. Als er Messalina erblickt, verlässt er fluchtartig die Bar. Kay folgt ihm daraufhin und lässt Emilia zurück.

Begegnungen in der Hotelbar

Gerade durch die bissigen und ironischen Kommentare entlarvt der Erzähler in diesem Erzählabschnitt Messalinas Unvermögen und ihren wahren Charakter, er beschreibt sie als ahnungslos und angreifbar.

Messalinas Oberflächlichkeit

Abschnitt 78 (S. 177)

Carla und Washington haben sich wieder versöhnt. Carla glaubt nun an eine gemeinsame Zukunft in Frankreich und hat sich von ihren materiell geprägten Vorstellungen vom Lebensglück befreit. Das Bestreben, alsbald in Frankreich ein gemeinsames Lokal zu eröffnen, verbindet das Paar. Sie träumen davon, an einem Ort zu leben, der frei von rassistischen Ressentiments ist. Diese Hoffnung konkretisiert sich in der Vorstellung vom „Washington's Inn".

Versöhnung und Hoffnung

Christopher und Ezra fahren im Auto an ihnen vorbei. Christopher hat zuvor für Henriette Emilias Tasse in einem Antiquitätengeschäft gekauft. Ezra denkt über den „Handel" mit Heinz nach.

Ezras Vorhaben

Abschnitt 79 (S. 179)

Dr. Behudes innere Leere

Dr. Behude trinkt Wodka im Stehausschank des „alten Nazi[s]" (S. 179). Er hofft, Emilia dort zu treffen. Dr. Behudes Interesse an Emilia zeigt sich darin, dass er sich um sie sorgt und sie im Stehausschank sucht. Er kommt zu dem Schluss, dass ihn die Arbeit ruiniere.

Abschnitt 80 (S. 180)

Emilias Überlegungen

Zeitgleich trinkt Emilia im Stehausschank der „alten Dirne" (S. 180) Kirschwasser. Eigentlich will sie nicht betrunken nach Hause kommen und hätte Philipp gerne von ihren Erlebnissen erzählt. Sie denkt über ihre Beziehung und die Begegnung mit Kay nach und nimmt sich des Hundes an, der Heinz entlaufen ist.

Abschnitt 81 (S. 182)

Diskussion über Hitler

Im Stehausschank des „Italieners" (S. 182) trinkt Richard Kirsch Wermut. Er diskutiert mit dem Besitzer, welcher der Meinung ist, Hitler habe Recht gehabt und sei ein großer Mann gewesen. Um einem Streit zu entkommen, beendet Richard das Gespräch und macht sich auf den Weg ins Bräuhaus.

Richards Inkonsequenz

In dieser Textpassage offenbart sich Richards inkonsequentes Verhalten, da er sich nicht streiten will, im Gegenzug aber auch seine amerikanischen Grundsätze nicht leugnen will.

Abschnitt 82 (S. 183)

Josefs Tod

Josef stirbt im Krankenhaus, während Emmi und die anderen an seinem Bett stehen. Mit seinen letzten Worten beschuldigt er den „Reisende[n]" (S. 184) (Odysseus) der Tat. Der Priester erteilt die Absolution. Unter dem Krankenbett steht das Radio von Odysseus; die Radiostimme weist auf Edwins Vortrag hin.

Josef deutet durch seine letzten Worte seinen eigenen Tod als Sühne und sieht seine Schuld damit als beglichen an. In

Odysseus meint er jenen Senegalesen zu sehen, den er getötet habe.

Abschnitt 83 (S. 186)
Schnakenbach hat den Nachmittag in der Bibliothek des Amerikahauses verbracht und sich über die neuesten wissenschaftlichen Erkenntnisse der Schlafforschung informiert. Schließlich schläft er ein, wird jedoch geduldet, da die Bibliothek jedem offensteht.

Schnakenbachs Schicksal

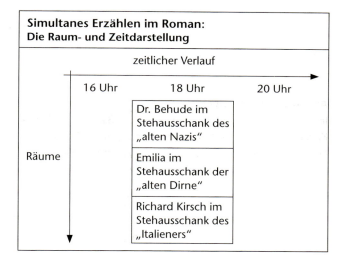

Abschnitt 84 (S. 188, Z. 1)
Der Saal des Amerikahauses füllt sich mit den verschiedensten Menschen, die alle Edwin hören wollen. Edwin beginnt seinen Vortrag, wird von den Zuhörern allerdings nicht verstanden, weil das Mikrofon nicht funktioniert. Der schlaftrunkene Schnakenbach, der für den Haustechniker gehalten wird, denkt, er stehe vor einer Klasse, und schreit ins Mikrofon: „Schlaft nicht! Wacht auf! Es ist Zeit!" (S. 192)

Edwins Vortrag und Schnakenbachs Auftritt

Der Vortrag im Amerikahaus und seine Begleitumstände tragen deutlich groteske Züge. Die meisten Zuhörer sind nur erschienen, um sich bei diesem gesellschaftlichen Ereignis zu präsentieren, und schlafen bereits kurz nach Beginn der Rede ein. Das Ausfallen der Lautsprecheranlage und das Auftreten des völlig desorientierten Schnakenbachs bilden den Höhepunkt der Szenerie. Der Sonderling, der sich in einem chronischen Dämmerzustand befindet, brüllt die prophetisch anmutenden Worte ins Mikrofon. Edwin selbst trägt zum Misslingen der Kommunikation und damit zu dem Fiasko bei. Seine Unwissenheit im Hinblick auf das Leben und die Sorgen der Menschen, das Vortragen von ausgewähltem, angelesenem Wissen und seine Egozentrik verhindern, dass er sein Publikum erreicht.

groteskes Fiasko

Abschnitt 85 (S. 192)
Zeitgleich beobachtet Heinz Behrend den bewachten Platz zwischen dem Bräuhaus und dem „Club der Negersoldaten" (S. 192). Er überlegt, wie er Ezra betrügen kann. Susanne überquert den Platz und geht in den Klub.

Heinz' Betrugspläne

Abschnitt 86 (S. 193)
Herr Behrend spielt auf der Bühne des „Negerclubs" mit seiner Jazz-Band. Vlasta, seine Geliebte, die ihn, als er Wehrmachtssoldat war, in Prag vor der Rache der Tschechen gerettet hat, hört zu. Beide haben alle Vorurteile verworfen und ihre Vergangenheit hinter sich gelassen. Herr Behrend und Vlasta fühlen sich frei und glücklich.

Liebe zwischen Herrn Behrend und Vlasta

Auffällig ist, dass diese beiden Figuren als Einzige vom Erzähler als dauerhaft „glücklich" (S. 194) charakterisiert werden. Sie stellen somit eine positive Ausnahme im gesamten Figurenensemble dar. Die Selbstbehauptung gegen alle Widrigkeiten hat das Paar gestärkt und näher zusammengeführt. Die anfänglich noch rein sexuelle Beziehung verändert sich, das Gefühl von „Liebe" setzt sich

Glück und Befreiung

Inhalt, Aufbau und erste Deutungsansätze

immer mehr durch. In besonderer Weise verbindet die beiden zudem ihre gemeinsame Vergangenheit, da Vlasta sich dem allgemeinen Handeln und Denken widersetzt und Herrn Behrend versteckt hat. Dieser Einsatz hat ihm das Leben gerettet; somit sind bedingungsloses Vertrauen und gegenseitiger Schutz die Basis ihrer Beziehung.

Abschnitt 87 (S. 195, Z. 1)
Susanne sucht Odysseus im Klub, da sie sich zu ihm hingezogen fühlt. Sie will zu ihm halten und ihn trotz des Mordes nicht verraten. Als gesellschaftliche Außenseiterin fühlt sie sich mit Odysseus verbunden, der sich in ihren Augen gegen die Welt zur Wehr setzt.

Susannes Verbundenheit mit Odysseus

Abschnitt 88 (S. 195)
Heinz wartet auf dem Platz zwischen Bräuhaus und „Negerclub" auf Ezra und sieht, wie seine Mutter und Washington den Klub betreten. Voller Sorge denkt er darüber nach, ob die beiden vielleicht nach Amerika auswandern wollen. Schließlich treffen auch Christopher und Ezra ein.

Heinz' Sorge

Abschnitt 89 (S. 196)
Richard spricht eine deutsche Frau an und geht mit ihr ins Bräuhaus. Da sie sich von dem Leben der Eltern distanzieren und selbstständig sein will, lässt sie sich auf den fremden Amerikaner ein.

Richard trifft auf eine junge Deutsche

In dieser kurzen Erzählsequenz zeigt sich, dass das Familienleben nach dem verlorenen Krieg trostlos und bedrückend ist. Der junge Amerikaner verkörpert somit für die junge Deutsche Freiheit und Ungezwungenheit.

Abschnitt 90 (S. 198)

Verbrüderung im Bräuhaus

Im Bräuhaus herrscht eine ausgelassene Stimmung. Die Kapelle spielt den „Badenweiler Marsch" (S. 199), den Lieblingsmarsch Hitlers, woraufhin sich die Menschen erheben und sich im Rausch verbrüdern. Christopher Gallagher ist im Gegensatz zu Ezra begeistert. Frau Behrend sucht Richard, der sich mit seiner neuen Bekanntschaft amüsiert. Schließlich glaubt sie Richard zu erkennen, dieser wiederum bemerkt sie und will nicht erkannt werden. Er küsst das Mädchen, Frau Behrend wendet sich ab.

Es zeigt sich, dass die Stimmung im Bräuhaus aufgeheizt ist. Die Menschen springen ausgelassen und begeistert auf die Bänke, allerdings führt der Erzähler an, dass es „nicht Nazis" (S. 200) seien, die sich erheben würden, sondern die „Biertrinker" (ebd.). Die Menge befindet sich in einer Art Rausch, einer bierseligen „Gaudi" (ebd.), in der alle Gäste mitgerissen werden. Hier zeigt sich bereits, dass eine Aufarbeitung der nationalsozialistischen Vergangenheit in der deutschen Bevölkerung nicht erfolgt ist. Dies belegt die Eskalation der ausgelassenen Stimmung.

Zuspitzung und Eskalation

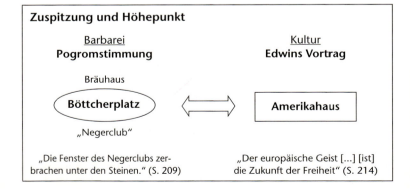

Abschnitt 91 (S. 202)
Carla und Washington feiern im „Negerclub" voller Optimismus ihre Zukunft. Herr Behrend stellt seiner Tochter Vlasta vor und Carla zeigt dem Vater ihren Freund Washington. Zusammen mit ihm gesehen zu werden, ist Carla nun nicht mehr unangenehm. Susanne findet Odysseus, der sich, obwohl er gesucht wird, in den Klub gewagt hat.

Auffällig ist, dass Herr Behrend bei der Begegnung mit seiner Tochter Carla und ihrem Freund Washington seine bestehenden Vorurteile überwindet und auf das Urteil seiner Tochter vertraut. So lässt sich eine der wenigen Szenen im Roman finden, in denen Menschen sich aufrichtig und ehrlich begegnen.

Zusammentreffen

Abschnitt 92 (S. 203)
Heinz fühlt sich, als wäre er auf dem Kriegspfad. Er hält nach Ezra Ausschau. Er entdeckt im Saal des Bräuhauses seine ungeliebte Großmutter, Frau Behrend, und spielt ihr einen Streich.

Heinz im Bräuhaus

Abschnitt 93 (S. 204)
Ezra fürchtet sich vor den Menschen im Bräuhaus. Als er Heinz erblickt, gibt er ihm ein Zeichen. Seinem Vater sagt er jedoch, dass er ganz schnell nach Hause möchte. Christopher hingegen fühlt sich im Bräuhaus wohl.

Heinz' und Ezras „Deal"

Abschnitt 94 (S. 205)
Frau Behrend feiert unterdessen mit zwei Geschäftsleuten. Das Gerücht, ein „Neger" habe gemordet, erreicht Frau Behrend. Sie vergleicht die Schwarzen mit „wilde[n] Tiere[n]" (S. 205). Das bringt ihr die Sympathie eines Geschäftsmannes ein, der Frau Behrend wegen ihrer „richtige[n] Gesinnung" (S. 206) einen Schnaps ausgibt.

Die Stimmung im Bräuhaus heizt sich weiter auf. Die aus der altrömischen Mythologie stammende Figur der Fama ver-

Frau Behrends Gesinnung

Das Umgehen der Fama

körpert das unkontrollierbare Gerücht, den vorzugsweise schlechten Ruf eines Menschen. Sie wird in dieser Passage zum Leitmotiv und zu einem wiederkehrenden Element.

Abschnitt 95 (S. 206)

Ezra und Heinz treffen sich in einer Ruine. Beide überlegen, wie sie den anderen betrügen können. Schließlich eskaliert die Situation und sie beginnen zu raufen, woraufhin die Mauer einstürzt. Durch die Schreie der Jungen alarmiert kommen amerikanische und deutsche Polizisten herbei.

Kampf der Jungen

Gegenüber seinem „Geschäftspartner" zeigt sich Heinz als strategisch denkender und seine Ortskenntnis schlau ausspielender Junge. Als er bemerkt, dass seine Chancen schlecht stehen, gibt er nicht auf und riskiert die körperliche Auseinandersetzung. Erst beim Zusammensturz der Ruine helfen die Jungen sich gegenseitig und rufen um Hilfe.

Abschnitt 96 (S. 208)

Angriff auf den „Negerclub"

Die Schreie und der Lärm der Polizeisirenen lassen die Menge mutmaßen, dass die „Neger" (S. 208) ein neues Verbrechen begangen haben. Die allgemeine Pogromstimmung richtet sich gegen den „Negerclub", dessen Fensterscheiben unter den Steinwürfen der aufgebrachten Menge zerbersten (vgl. Abschnitt 98).

Abschnitt 97 (S. 209)

Edwins Rede/ Verweis auf Gertrude Steins Zitat

Zeitgleich hält Edwin seinen Vortrag im Amerikahaus, während die meisten Zuhörer schlafen. Allein Philipp setzt sich mit den Worten Edwins gedanklich auseinander und erkennt in Edwin einen „hilflosen gequälten Sehe[r]" (S. 213). Auch Edwin greift das Bild der „Tauben im Gras" auf, legt es jedoch anders aus als die Schriftstellerin Gertrude Stein. Am Ende des Vortrags wecken die Geräusche der Lautsprecher die schlafenden Zuhörer. Die Ereignisse zwischen Bräuhaus und „Negerclub" und im Amerikahaus werden simultan dargestellt, sodass die Kontrastmontage die groteske Gesamtsituation verstärkt: Während Edwin über die christlichen Werte des Abendlandes spricht, herrschen nur wenige Straßen weiter dumpfe Gewalt und Pogrombereitschaft.

Abschnitt 98 (S. 216)

Auf dem Platz zwischen Bräuhaus und „Negerclub" entsteht eine chaotische Situation. Christopher versucht, die aufgebrachte Menge zu beruhigen. Susanne und Odysseus fliehen. Ezra und Heinz haben ihren Streit inzwischen beigelegt. Als Washington und Carla zu ihrem Auto gehen, wird – ausgelöst durch einen Ausruf Frau Behrends – die Pogromstimmung wieder angeheizt. Erneut fliegen Steine aus der Menge und treffen Washingtons Auto, Richard und Heinz.

Pogromstimmung und Eskalation

Der Roman erreicht seinen Höhepunkt, als die latenten Einstellungen und Verhaltensdispositionen der Bräuhausgäste in manifeste Gewalt umschlagen. Dabei genügt als Auslöser die Verbreitung von Gerüchten, um die feiernde Masse in eine gewaltbereite Meute zu verwandeln.

Das zweite Gerücht beendet schlagartig die Verbrüderung zwischen Deutschen und Amerikanern und löst eine Pogromstimmung aus. Die Projektion der antisemitischen Vorurteile auf die schwarzen Besatzungssoldaten erfolgt reibungslos. Dass, während die Fensterscheiben des Klubs unter den Steinwürfen zerbersten, sich die Älteren an die Reichspogromnacht erinnern, führt nur für kurze Zeit zu einer Unterbrechung des Angriffs. Bezeichnenderweise gelingt den Tätern auch hier die Umdeutung der Wirklichkeit, indem sie sich selbst zu Opfern stilisieren, wodurch jede Verantwortung für damalige und gegenwärtige Taten abgewehrt wird. Kein Gedanke gilt den Betroffenen, weder den jüdischen Verfolgten 1938 noch den schwarzen Besuchern des Klubs 1951. Vor diesem Hintergrund kann es kaum verwundern, dass Christophers Appell an die Vernunft überhaupt nicht verstanden wird: „‚Seid doch vernünftig, Leute!' Die Leute verstanden ihn nicht." (S. 216)

Umdeutung der Wirklichkeit

Auch Frau Behrend beteiligt sich an der physischen Gewalt gegen die Schwarzen und wird wider besseres Wissen sogar zur Aufwieglerin, indem sie mit den Worten „‚Da ist er!'" (S. 217) auf Washington weist, ihre missverständliche Äußerung anschließend aber nicht klarstellt und damit die Steinwürfe billigend in Kauf nimmt. Das Werfen der Steine versinnbildlicht, dass der Traum vom Washington's Inn zwischen Heiliggeistplatz und Böttcherplatz gegenwärtig *nicht* realisierbar ist (vgl. S. 218). Der wertende Nachsatz des Erzählers, „aber sie konnten den Traum nicht töten, der stärker als jeder Steinwurf ist" (S. 218), offenbart, dass der Glaube an eine antirassistische Menschlichkeit jedoch weiterhin Bestand hat.

Missverständnis wird zum Signal

Glaube an Humanität

Abschnitt 99 (S. 218)

Emilia nimmt den kleinen Hund mit nach Hause. Sie vermisst Philipp, fühlt sich unwohl in der Wohnung und überlegt, zu Messalinas Party zu gehen. Edwin hat seinen Vortrag beendet. Der Beifall beschämt ihn, weil er weiß, dass die Zuhörer seine Botschaft nicht verstanden haben.

Emilias Einsamkeit

Abschnitt 100 (S. 220)

Philipp verlässt gemeinsam mit Kay den Vortragssaal. Ihre Sehnsucht nach Abenteuer und Romantik bewegt sie mitzugehen. Philipp hingegen ist sich bewusst, dass es ihm nicht um Kay selbst, sondern um die „Jugend" (S. 222) und die „Zukunft" (ebd.) geht. Dominierend sind die verschiedenen Todesmotive, die zuvor bereits Emilias quälende Situation und Verlassenheit, weiterführend auch die Leere von Edwins Botschaft veranschaulichen.

Philipps Verbundenheit mit Edwin

Todesmotive

Abschnitt 101 (S. 223)

Susanne und Odysseus schlafen in der Kammer einer Kriegsruine miteinander. Der Ort, an dem Odysseus und Susanne Geschlechtsverkehr haben, fällt durch seine metaphorische Ausgestaltung auf. Zerstörung, Vernichtung und

metaphorische Raumgestaltung

Demolierung kennzeichnen diesen Ort. Es gibt keinen stabilen Boden, kein Fundament, keine Basis. Jedoch ereignen sich Nähe, Intimität, Begegnung gerade in diesem zerstörten Raum. Die Perspektiv- und Trostlosigkeit der Vereinigung ist für den Leser greifbar, denn die Verbindung zwischen Odysseus und Susanne scheint aussichtslos.

Abschnitt 102 (S. 223)
Dr. Behude bringt den halb schlafenden Schnakenbach nach Hause, der ihm sein Weltbild erklärt. Dr. Behude kann das nicht ernst nehmen, räumt aber ein, dass der Mensch in dieser Welt nicht mehr zu Hause sei, auch Edwin habe keine Lösung gewusst.

Schnakenbachs Philosophie

Abschnitt 103 (S. 224)
Edwin durchstreift die Gassen der Altstadt auf der Suche nach Strichjungen. Als er Bene und die anderen entdeckt, meint er, in ihnen die Schönheit zu erkennen. Die jungen Männer sehen in ihm einen eleganten Freier und überfallen ihn. Edwins Gefühlslage sowie die Umstände seiner Ankunft deuten von Anfang an auf das Scheitern und das tragische Ende der Figur hin. Das vorausdeutende Motiv des Todes wird am Ende des Romans erfüllt, als Edwin im Strichermilieu stirbt.

Edwins Tod

Abschnitt 104 (S. 225)
Emilia betrinkt sich auf Messalinas trostloser Party und beschwört so systematisch den aggressiven Teil ihrer Persönlichkeit herauf.

Emilias Frust und ihre Verlorenheit

Abschnitt 105 (S. 226)
Philipp und Kay befinden sich in einem schäbigen Hotelzimmer, als sie von draußen Edwins ersterbenden Schrei hören. Als Kay geht, legt sie Emilias Kette auf die Fensterbank, da sie meint, Philipp sei arm.

Philipps und Kays Zusammentreffen

Abschnitt 106 (S. 227)

Der Erzähler kündigt das Ende des Tages an. Er berichtet von den Nachrichten des kommenden Tages und skizziert die bedrohliche weltpolitische Situation. Es bleibe nur noch eine Sekunde „auf [d]em verdammten Schlachtfeld" (S. 228).

Zuspitzung der Situation/ Bedrohung

Die analytische Einschätzung des Erzählers am Ende greift zahlreiche Formulierungen des Anfangs, allerdings mit dem entscheidenden Wechsel des Erzähltempus, wieder auf. Einen weiteren Unterschied stellen die Ergänzungen, Konkretisierungen und vor allem Verschärfungen in den Formulierungen durch die Verwendung von Adjektiven, Adverbien oder Wiederholungen dar: „Noch schweigen die Sirenen. Noch rostet ihr Blechmund. Die Luftschutzbunker wurden gesprengt; die Luftschutzbunker werden wieder hergerichtet. Der Tod treibt Manöverspiele. BEDROHUNG, VERSCHÄRFUNG, KONFLIKT, SPANNUNG." (S. 227)

Ebenso lassen sich in dem Schlussteil eindeutige Wertungen finden, welche die Aussichts- und Hoffnungslosigkeit der Nachkriegszeit zum Ausdruck bringen. Die zu Beginn artikulierte Zeitkritik und Warnung vor einem erneuten Krieg gewinnen durch das Wiederaufgreifen und Variieren, vor allem vor dem Hintergrund der Binnenhandlung, an Brisanz und Bedeutsamkeit. Folglich wird die geäußerte Gesellschaftskritik durch die arrangierte Rahmenhandlung intensiviert und gewinnt für den zeitgenössischen Leser an Aktualität und Eindringlichkeit.

verschärfte Gesellschaftskritik

Die Rahmenstruktur des Romans

Prolog (Erzähler) — Rahmenstruktur — Epilog (Erzähler)

Binnenhandlung
20.2.1951

zunehmende Bedrohung/Verschärfung

Hintergründe

Der zeithistorische Kontext

Wie kein anderer Autor macht Wolfgang Koeppen bereits zu Beginn der 1950er-Jahre die unmittelbare Gegenwart der bundesrepublikanischen Nachkriegsgesellschaft zum Thema seiner Romane. In seinem Roman „Tauben im Gras" schildert er einen Februartag des Jahres 1951 in einer süddeutschen Großstadt, die als das von den Amerikanern besetzte München identifiziert werden kann. Dem Autor geht es in seinem Roman aber nicht darum, den konkreten historischen Ort oder einen ganz bestimmten Tag möglichst genau abzubilden, sondern er möchte vor allem das politische und gesellschaftliche Klima in der gerade erst gegründeten Bundesrepublik erzählerisch erfassen.

Klima der Nachkriegszeit

Bereits durch das Vorwort des Romans stimmt Koeppen den Leser auf die Handlung ein, indem er die Situation in Deutschland und die weltpolitische Lage zur Zeit der Niederschrift mit wenigen Worten skizziert. Dabei stellt der Autor vor allem das Zwiespältige der Zeiterfahrung heraus: Auf der einen Seite gibt es zwar die Hoffnung auf einen Neuanfang nach der Katastrophe des Zweiten Weltkriegs und erste Anzeichen eines wirtschaftlichen Aufschwungs in der Bundesrepublik („Währungsreform", „Wirtschaftswunder"), auf der anderen Seite droht aber die Gefahr eines dritten Weltkriegs, da der Ost-West-Konflikt sich dramatisch zuspitzt.

Vorwort des Romans als Skizze der Zeit

Koeppens Intention, „diese Zeit, den Urgrund unseres Heute" zu schildern, manifestiert sich innerhalb des Romans auf mehreren Ebenen. Dabei ist der Text durchweg geprägt von einer angsterfüllten Grundstimmung. Der Erzähler entwirft mit seinem Kommentar, der die Handlung wie ein Rahmen umschließt, gleich zu Beginn ein bedrückendes Bild der Gegenwart. Noch bevor die Figuren überhaupt in Erscheinung treten, scheint das Urteil über sie schon verhängt worden zu sein. Bereits die ersten Worte des Romans verweisen auf die Gefahr des Krieges. Zwar sind die Bombenschächte der „Flieger" (S. 9), gemeint sind die amerikanischen Militärflugzeuge, die über der Stadt kreisen, noch leer, aber es scheint nicht die Frage zu sein, ob, sondern nur wann sie wieder Bomben abwerfen werden. Am Ende des Romans wirkt es so, als sei die Lebenszeit der Figuren beinahe aufgebraucht: Der Erzähler kommt, da er noch einmal auf die geschilderten Geschehnisse des Tages zurückgeblickt hat, zu einer zutiefst pessimistischen Diagnose, da er die Zeit mit seinen letzten Worten als „Atempause auf einem verdammten Schlachtfeld" (S. 228) charakterisiert.

Rahmenkommentar des Erzählers als düstere Prognose

Abgesehen von den Kommentaren des Erzählers, der auch innerhalb der Binnenhandlung oft als deutende Instanz auftritt (vgl. z. B. S. 23, Abschnitt 9; S. 25, Abschnitt 11), verknüpfen die zahlreichen einmontierten Zitate aus Schlagzeilen und Radiomeldungen den Text mit wichtigen zeithistorischen Ereignissen. Dabei wird sowohl die innenpolitische und gesellschaftliche Lage als auch die globale Bedrohung im Zeichen des Kalten Krieges besonders hervorgehoben: „BEDROHUNG, VERSCHÄRFUNG, KONFLIKT, SPANNUNG." (S. 227 f.) Darüber hinaus sind es die Figuren selbst, die das Klima der Zeit widerspiegeln. In ihren Handlungen, Gedanken und Einstellungen manifestiert sich dabei nicht nur ihre Orientierungs- und Ziellosigkeit und damit ihre Unsicherheit, auf die Gegenwart zu reagieren, sondern auch ihre Unfähigkeit, sich selbstkritisch mit der Vergangenheit des Nationalsozialismus auseinanderzusetzen. Um die zahlreichen Anspielungen des Romans und die psychologische Anlage der Figuren erfassen zu können, muss der Leser sich die zeithistorischen Zusammenhänge vergegenwärtigen. Für das Verständnis des Romans sind dabei sowohl die Geschichte des Nationalsozialismus und Zweiten Weltkriegs als auch die krisenhafte innen- und weltpolitische Situation am Anfang der 50er-Jahre von zentraler Bedeutung.

erzählerische Darstellung des Zeitklimas

unbewältigte Vergangenheit und neue Krisen

Von der Machtergreifung bis zum Zusammenbruch

Am 30. Januar 1933 ernennt Reichspräsident Paul von Hindenburg den Führer der Nationalsozialistischen Deutschen Arbeiterpartei (NSDAP) Adolf Hitler zum Reichskanzler. Die NSDAP bildet zu diesem Zeitpunkt die größte Fraktion im Deutschen Reichstag. Auf legalem Wege in das Zentrum der politischen Macht gerückt, gelingt es den Nationalsozialisten mit Unterstützung der bürgerlichen und konservativen Kräfte im Reichstag anschließend sehr schnell, das demokratische Weimarer System gewaltsam auszuhebeln und eine Diktatur zu errichten. Im Zuge einer umfassenden „Gleichschaltung" werden in kurzer Zeit alle demokratischen Institutionen zerschlagen, politische Gegner werden verhaftet, in Konzentrationslagern inhaftiert oder ermordet.

Hitler und Hindenburg, 30.1.1933

„Machtergreifung" durch die Nationalsozialisten

Die restriktiven und brutalen Maßnahmen im Inneren werden etwa ab 1935 durch eine aggressive Politik der Kriegsvorbereitung ergänzt. Der Überfall auf Polen am 1. September 1939 löst schließlich den Zweiten Weltkrieg aus. Ziel des systematisch geplanten Krieges ist die Errichtung eines „großgermanischen Reichs" und die Versklavung der osteuropäischen Völker. Darüber hinaus verfolgen die Nationalsozialisten mit der sogenannten „Endlösung der Judenfrage" einen Vernichtungskampf, an dessen Ende die vollständige „Ausrottung" der Juden stehen soll.

Zweiter Weltkrieg und Kriegsziele

Als der Krieg nach anfänglichen militärischen Erfolgen sich schließlich ab 1943 zu einem Mehrfrontenkrieg entwickelt und die Westalliierten die Luftherrschaft über dem Reichsgebiet erlangen, ruft Propagandaminister Joseph Goebbels unter den fanatischen Beifallstürmen des geladenen Publikums im Berliner Sportpalast den „totalen Krieg" aus. Er mündet zwei Jahre später in die totale Niederlage. Im Mai 1945 endet der Zweite Weltkrieg in Europa mit der bedingungslosen Kapitulation der Deutschen Wehrmacht. Hitler und Goebbels, als führende Repräsentanten des Dritten Reichs, haben zu diesem Zeitpunkt bereits Selbstmord begangen, um sich der Verantwortung für ihre Verbrechen zu entziehen.

Kapitulation und Kriegsfolgen

Die Bilanz dieses verbrecherischen Krieges ist verheerend: Weltweit sterben mehr als 55 Millionen Menschen. Sie kommen durch unmittelbare Kriegshandlungen um, werden Opfer von Verfolgung und Terror oder sterben an den Folgen von Hunger und extremen Belastungen. Mehrere Millionen Menschen werden Opfer des Rassenwahns der Nazis, sie werden in Vernichtungslager deportiert und dort ermordet. Am Ende des Krieges sind es über sechs Millionen Juden, die von den Nazis getötet werden; drei Millionen von ihnen kommen in den Gaskammern der Vernichtungslager um.

NS-Völkermord und Holocaust

Die Opferseite des Völkermords wird in der Welt des Romans besonders anhand des Schicksals der Jüdin Henriette Gallagher deutlich. Trotz der Versicherung ihres amerikanischen Mannes, in Deutschland habe sich alles geändert (vgl. S. 72), ist es ihr unmöglich, in das Land der Täter zurückzukehren, die ihre Eltern deportiert und ermordet haben. Im Widerspruch zu den Eindrücken ihres Mannes scheint sie das Fortbestehen antisemitischer und rassistischer Einstellungen in der deutschen Bevölkerung zu ahnen, wenn sie ihren Mann am Telefon auffordert, ins Bräuhaus zu gehen (vgl. S. 72), also den Ort aufzusuchen, der am Abend dieses Tages zum Ausgangpunkt der neuen gewaltsamen Übergriffe wird, wobei diesmal nicht die Juden, sondern die Schwarzen die Opfer sind.

Henriette Gallaghers traumatische Erinnerungen

Der zeithistorische Kontext

Auch die anderen Figuren des Romans belasten – wenn auch aus unterschiedlichen Gründen – die Spuren der Vergangenheit: Emilia leidet darunter, durch den Krieg ihren Reichtum und damit das Versprechen eines sorgenfreien Lebens eingebüßt zu haben, der Schriftsteller Philipp hadert mit seinem Verhalten während der nationalsozialistischen Diktatur, der er keinen Widerstand entgegengesetzt hat, der ehemalige Gewerbeschullehrer Schnakenbach hat während des Krieges seine Gesundheit ruiniert, um der Einberufung in die Wehrmacht zu entgehen, den Gepäckträger Josef, dessen Söhne im Krieg gefallen sind, quälen Schuldgefühle, im Ersten Weltkrieg gemordet zu haben. Der Roman muss somit vor dem Hintergrund der NS-Zeit, des Krieges und seiner Folgen gelesen, verstanden und gedeutet werden. Die Vergangenheit ist in diesem Kontext vor allem als unverarbeitete Vergangenheit gegenwärtig.

unverarbeitete Vergangenheit als Thema des Romans

Befreiung oder Niederlage?

Für die deutsche Bevölkerung bedeutet die militärische Niederlage im Jahr 1945 gleichzeitig die Befreiung von der zwölfjährigen nationalsozialistischen Diktatur, obgleich sich bei vielen – zumindest wenn man die Gegner und Verfolgten des Regimes einmal ausnimmt – zunächst weniger das Gefühl der Befreiung einstellt, sondern der Eindruck des Zusammenbruchs vorherrscht. Zerstört sind die materiellen Werte, aber auch die immateriellen, denn das umfassende Erziehungs- und Propagandasystem der Nazis hat bei vielen Deutschen zu einer hohen Identifikation mit der NS-Ideologie geführt.

Zerstörung der materiellen und immateriellen Werte

Die Nachwirkungen des Nationalsozialismus spiegeln sich im Roman im Denken und Handeln vieler Figuren wider. Besonders deutlich tritt dieser Zusammenhang bei Frau

Kontinuität nationalsozialistischer Einstellungen als Thema des Romans

Behrend hervor, die keine Lehren aus der Vergangenheit gezogen hat und ihre antisemitischen Vorurteile nahtlos auf die schwarzen Amerikaner überträgt: „ob Neger oder Jude, es war dasselbe" (S. 143). Ähnliche Einstellungen zeigen sich bei den Geschäftsleuten, die Frau Behrend eine „anständige Gesinnung" (S. 205) attestieren oder den Bräuhausgästen, die begeistert „den Lieblingsmarsch des toten Führers" (S. 199) beklatschen. Neben Frau Behrend sind es zumeist namenlose Figuren aus dem kleinbürgerlichen Milieu, welche die Kontinuität faschistischer Einstellungen repräsentieren. Stellvertretend für viele andere steht dabei der Vater der Sockenverkäuferin, der zumindest im Kreis seiner Familie offen das gegenwärtige demokratische System ablehnt und sich zum Nationalsozialismus bekennt: „‚Bei Hitler war's anders! Da war Zug drin.'" (S. 197)

Die Lebenssituation im Nachkriegsdeutschland

schwierige Lebensverhältnisse

Die Lebenssituation in Deutschland ist nach dem Krieg desolat, viele Städte sind durch die Luftangriffe stark zerstört, die meisten Wohnungen unbewohnbar, sodass die Menschen in Kellern, zwischen Trümmern und in eilig errichteten Notunterkünften leben müssen.

Dresden nach dem 2. Weltkrieg

Häufig sind die Transportwege und die gesamte Infrastruktur so stark beschädigt, dass eine Versorgung mit Nahrungsmitteln, Wasser, Elektrizität, Gas und Brennstoffen nicht mehr gewährleistet ist. Diese drama-

Zusammenbruch der staatlichen Ordnung

tische Notlage wird zusätzlich noch dadurch verschärft, dass neben den Kriegsheimkehrern Millionen von Flüchtlingen und Vertriebenen aus den ehemaligen deutschen Ostgebieten in die Besatzungszonen strömen, die ebenfalls Nahrung, Wohnraum und Kleidung dringend benötigen.
Im Gegensatz zur Niederlage nach dem Ersten Weltkrieg 1918, in deren Folge das Regime liquidiert wird, die Souveränität des deutschen Nationalstaats aber fortbesteht, bricht 1945 der Staat vollständig zusammen und hört de facto auf zu existieren. Die ehemalige Reichshauptstadt Berlin wird genauso wie das gesamte deutsche Staatsgebiet in vier Zonen aufgeteilt und durch die alliierten Siegermächte – die USA, die Sowjetunion, Großbritannien und Frankreich – besetzt, welche die Regierungsgewalt und vollständige Kontrolle übernehmen. Deutschland wird dabei zunächst nicht als befreites Land, sondern als besiegter Feindstaat betrachtet, dessen Bevölkerung bestraft und umerzogen werden muss. Das tiefe Misstrauen gegenüber den Deutschen manifestiert sich u. a. in dem sogenannten „Fraternisierungsverbot": Amerikanischen Soldaten ist es verboten, private Kontakte zur deutschen Bevölkerung zu unterhalten, sogar das Händeschütteln ist untersagt.

vollständige Besetzung

Die Siegermächte kommen auf einem Gipfeltreffen in Potsdam überein (hier sind die Franzosen noch nicht vertreten), wie mit Deutschland verfahren werden soll, damit von ihm nie wieder eine Bedrohung ausgehen kann. Als gemeinsame Ziele werden die „4 Ds" festgeschrieben: Denazifizierung, Demilitarisierung, Demokratisierung und Dezentralisierung.

Potsdamer Abkommen (1945)

Die Spaltung Deutschlands im Schatten des Kalten Krieges

Auseinanderbrechen der Anti-Hitler-Koalition

Die noch in Potsdam demonstrierte Einigkeit der „Großen Drei" (Winston Churchill, Harry S. Truman und Josef W. Stalin) wird bereits wenige Monate nach dem errungenen Sieg über Hitler-Deutschland brüchig. Hat zunächst das gemeinsame Ziel die ideologischen Gegensätze zwischen den Westalliierten und der Sowjetunion überdeckt, treten diese nun offen zutage, als es um die konkrete Umsetzung der Ziele geht. Das ursprüngliche Vorhaben, eine abgestimmte und gemeinsame Deutschlandpolitik zu betreiben und Deutschland grundsätzlich als Einheit zu betrachten, wird vor dem Hintergrund

Die „Großen Drei" (Potsdamer Konferenz)

des einsetzenden Kalten Krieges bald aufgegeben. Sowohl die Westmächte als auch die Sowjetunion versuchen nun, ihre eigenen ideologischen und machtpolitischen Interessen auch im besetzten Deutschland durchzusetzen und den Einfluss der Gegenseite einzudämmen. Mit der Einbindung der Westzonen in den amerikanischen Marshallplan, ein Hilfs- und Kreditangebot für Staaten, die sich an marktwirtschaftlichen Grundsätzen orientieren, und der Währungsreform (1948) zeichnet sich bereits eine gegenläufige wirtschaftliche Entwicklung innerhalb Deutschlands ab.

Marshallplan und Währungsreform

Als die neue Währung auch in den Westsektoren Berlins eingeführt wird, reagiert die Sowjetunion mit einer Kampfansage: Alle Zufahrtswege nach Westberlin werden abgeriegelt. Aufgrund der Insellage mitten in der sowjetisch besetzten Zone ist die Stadt nun weder auf dem Land-

noch auf dem Wasserweg zu erreichen. Um die Bevölkerung in Westberlin mit allem Lebensnotwendigen zu versorgen, reagieren die Amerikaner und Briten mit der Errichtung einer „Luftbrücke". Unter großen logistischen Anstrengungen sichert sie so das Überleben der Stadt, bis die Sowjetunion nach elf Monaten die Absperrung aufhebt.

Luftbrücke

Das Ziel der Sowjets, durch die Blockade eine Anbindung Westdeutschlands an das westliche Staatenbündnis zu verhindern, ist endgültig gescheitert. Im Ergebnis hat sie im Gegenteil dazu beigetragen, den Prozess der Teilung Deutschlands zu forcieren.

Berlin-Blockade und „Luftbrücke"

Bereits während der Berlinkrise treiben die Westalliierten die Bildung eines eigenständigen westdeutschen Staates systematisch voran. Aus den Abgeordneten der seit 1946 eingerichteten Länderparlamente wird der Parlamentarische Rat gebildet, der eine Verfassung für den neuen Staat erarbeiten soll.

Auf dem Weg zur doppelten Staatsgründung

Das Ergebnis ist das Grundgesetz, welches im Mai 1949 mit Zustimmung der Länderparlamente und der Militärgouverneure in Kraft tritt. Dabei wird auf den staatsrechtlichen Begriff „Verfassung" bewusst verzichtet, um den provisorischen Charakter zu betonen. Zusätzlich wird bereits in der Präambel des Grundgesetzes das Wiedervereinigungsgebot festgeschrieben.

Das Grundgesetz

Parallel zur Entwicklung in den Westzonen kommt auch in der sowjetisch besetzten Zone die Gründung eines separaten sozialistischen Staates im Oktober 1949 zum Abschluss. Damit existieren nun zwei deutsche Staaten: die Bundesrepublik Deutschland und die Deutsche Demokratische Republik.

Die Ursachen der Spaltung Deutschlands liegen vor allem in der Entfremdung der Weltmächte begründet. Der Systemkonflikt zwischen dem westlichen Modell der parla-

Die Ursachen der Spaltung Deutschlands

mentarischen Demokratie (mit seiner marktwirtschaftlich-kapitalistischen Wirtschaftsordnung) und dem kommunistischen System (mit einer zentral verwalteten Planwirtschaft) führt schließlich zu einer Polarisierung der gesamten Welt. Das wechselseitige Misstrauen findet dabei seinen Ausdruck in einem beispiellosen Rüstungswettlauf der Weltmächte, bei dem jede Seite der anderen im Falle eines militärischen Angriffs mit einer umfassenden Vergeltung durch den Einsatz atomarer Waffensysteme droht.

bipolare Weltordnung

Die Vertiefung der Spaltung: Westintegration, Remilitarisierung und Wirtschaftswunder

Der erste Bundeskanzler der Bundesrepublik, der CDU-Politiker Konrad Adenauer, verfolgt mit der von ihm geführten Regierung als vorrangiges Ziel, die Souveränität und Freiheit des neuen Staates durch eine enge Anbindung an die Westmächte zu erreichen. Nach seiner Auffassung könne die Vereinigung mit der DDR – in der offiziellen Terminologie spricht man infolge der Nichtanerkennung des zweiten deutschen Staates von der „Sowjetzone" oder der „Ostzone" – nur auf der Grundlage der gesicherten Integration in den Westen erreicht werden.

Adenauers Politik der Westintegration

Vereidigung Adenauers

Die internationale Lage spitzt sich im Juni 1950 dramatisch zu, als die nordkoreanische Volksarmee in die Republik Südkorea einmarschiert. Korea ist ebenfalls in zwei Staaten geteilt, die jeweils unter dem Einfluss der unterschiedlichen Machtblöcke stehen. Der Krieg zwischen dem kommunistischen Norden und der Republik Südkorea

Der zeithistorische Kontext

entwickelt sich zu einem Stellvertreterkrieg, an dem auf- *Koreakrieg*
seiten Nordkoreas das kommunistische China und die
Sowjetunion, aufseiten des Südens die Vereinten Nationen
unter der Führung der USA
beteiligt sind. Die militärische Konfrontation, bei
der auch der Einsatz nuklearer Waffen erwogen wird,
nährt auch in Deutschland
Angst vor einer verhängnisvollen Eskalation, die in einen neuen Weltkrieg münden könnte.

Koreakrieg

Innerhalb des Romans vermitteln die einmontierten Schlagzeilen aus Zeitungen sowie die Meldungen aus Odysseus' Kofferradio einen Eindruck der bedrohlichen Lage: „SPANNUNG, KONFLIKT"   *Angst vor dem*
(S. 9), „ATOMVERSUCHE IN NEU-MEXIKO, ATOMFABRIKEN   *dritten Weltkrieg*
IM URAL" (S. 10), „SUPERBOMBER IN EUROPA STATIO-   *als Thema des*
NIERT" (S. 26), „Truman Stalin Tito Korea" (S. 68). Ange-   *Romans*
sichts der sich abzeichnenden Gefahren wirken die Figuren
jedoch seltsam teilnahmslos. Sie scheinen nicht nur die
Vergangenheit auszublenden oder zu verklären, sondern
auch die gegenwärtige politische Entwicklung zu ignorieren. Die wenigen Figuren, die überhaupt versuchen, die
aktuelle Situation zu erfassen, verstehen entweder wie der
Dienstmann Josef die Zusammenhänge nicht (vgl. S. 68)
oder sehen sich wie Philipp dem geschichtlichen Prozess
hilflos ausgeliefert (vgl. S. 20 ff.).

Vor dem Hintergrund des sich verschärfenden Ost-West-
Konflikts führt Adenauer bereits 1950 geheime Verhandlungen mit den Amerikanern über einen westdeutschen
„Wehrbeitrag". Zahlreiche einmontierte Zitate weisen innerhalb des Romans auf diesen Zusammenhang hin:
„WEHRBEITRAG GEFORDERT" (S. 10), „KEIN NEUER MILI-

TARISMUS, ABER VERTEIDIGUNGSBEREITSCHAFT" (S. 68), „ERSTE LEGION WARNT VOR OHNE-MICH-PAROLE, JUSTIZMINISTER SAGT, WER FRAU UND KIND NICHT VERTEIDIGT, IST KEIN MANN" (S. 162). Die Pläne lösen bei ihrem Bekanntwerden sowohl im Parlament als auch außerparlamentarisch eine heftige Kontroverse aus, befürchtet man doch, in einen neuen Krieg eingebunden zu werden und zudem die Chance auf eine Wiedervereinigung Deutschlands zu verspielen. Sogar innerhalb der Regierung stößt das Vorhaben auf Ablehnung und führt schließlich zum Rücktritt Gustav Heinemanns als Innenminister. Trotz der Widerstände kann Adenauer seine „Politik der Stärke" durchsetzen: Der Bundestag stimmt 1952 gegen die Stimmen der SPD einem Verteidigungsbeitrag mehrheitlich zu. 1955 wird die Bundesrepublik Mitglied der Nordatlantischen Verteidigungsgemeinschaft (NATO), die DDR tritt wenig später dem Warschauer Pakt bei, dem militärischen Bündnis der sozialistischen Staaten unter der Führung der Sowjetunion. Für die Situation in Gesamtdeutschland bedeutet dies, dass die beiden deutschen Staaten im Fall eines militärischen Konflikts zu Kriegsgegnern würden.

Kontroverse um die Remilitarisierung

Das gespaltene Deutschland bildet mit der innerdeutschen Grenze buchstäblich die Nahtstelle zwischen den beiden gegensätzlichen Systemen. Die Wiedervereinigung – offiziell erklärtes Ziel beider Seiten – wird vor dem Hintergrund des sich zuspitzenden Kalten Krieges und der voranschreitenden Integration in die verfeindeten Blöcke immer weniger realistisch.

Deutschland als „Bruchstelle"

Auf der Ebene der Romanwirklichkeit ist der Prozess der deutschen Teilung kein zentrales Thema. Zwar wird die geopolitische Lage Deutschlands als mögliche „Bruchstelle" (S. 9) hervorgehoben, doch wird die deutsche Frage, die sowohl in der parlamentarischen Auseinandersetzung als auch in der öffentlichen Debatte der Zeit zu den wichtigsten Inhalten gehört, im Roman nicht näher thematisiert. Das mag

damit zusammenhängen, dass die Auswirkungen der deutschen Teilung in München, wo Koeppen während der Entstehung des Romans gelebt hat, weit weniger zu spüren gewesen sind als etwa im gespaltenen Berlin.
Die gegenläufige politische Entwicklung zwischen der Bundesrepublik und der DDR spiegelt sich auch im Inneren wider. Begünstigt durch die Marshallplanhilfe und die Währungsreform entwickelt sich in der Bundesrepublik, nachdem die Zwangswirtschaft der Nachkriegsjahre aufgehoben worden ist, ein beispielloser wirtschaftlicher Aufschwung. Maßgeblicher Vordenker und Weichensteller dieser Entwicklung ist Ludwig Erhard, der erste Wirtschaftsminister im Kabinett Adenauers. Die Liberalisierung der Ökonomie unter den Rahmenbedingungen der sozialen Marktwirtschaft wird im Verlauf der 50er-Jahre zum Garant einer allgemeinen Wohlstandsentwicklung, die weite Teile der Bevölkerung erfasst. Im Einklang mit diesem Prozess wächst auch das Vertrauen in den Westen und das durch ihn repräsentierte politisch-ökonomische System. So wird im Bewusstsein der Bevölkerung die Staatsform der Demokratie von Beginn an mit wirtschaftlicher Leistungsfähigkeit und Wohlstand verknüpft. Vereinfacht ließe sich sagen: Die Westdeutschen entwickeln sich zu Demokraten, weil sie ökonomisch überzeugt werden.

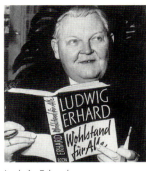

Ludwig Erhard

„Wirtschaftswunder" im Westen

Die politische Kultur in den 50er-Jahren

Zunächst bleibt der Prozess der Modernisierung in der Bundesrepublik auf den Sektor der Wirtschaft beschränkt. Er findet in der gesellschaftlichen Entwicklung der 50er-Jahre, die im Wesentlichen durch traditionelle und konservative Wertvorstellungen und Orientierungsmuster geprägt ist, keine Parallele. Angesichts der Vergangenheit sehnt man sich zunächst einmal nach Stabilität, Sicherheit und Ordnung und strebt danach, die materiellen Bedürfnisse nachholend zu befriedigen. Im „motorisierten Biedermeier" – so Erich Kästners Charakterisierung der 50er-Jahre – ist auch für eine kritische Auseinandersetzung mit der Vergangenheit wenig Raum. Diese Tendenzen spiegeln sich auch in der Kultur der 50er-Jahre wider. Hochkonjunktur haben Unterhaltungs- und Heimatfilme, die häufig vom tristen Nachkriegsalltag ablenken, indem sie ein unbeschädigtes, idyllisches Bild der Gegenwart malen.

Ausbleiben der gesellschaftlichen Modernisierung

Das Dritte Reich und seine Folgen werden von den meisten Deutschen in der Nachkriegszeit weitgehend tabuisiert. Wenn überhaupt von der Schuld für die Verbrechen gesprochen wird, wird diese Hitler und der nationalsozialistischen Führung allein zugeschrieben; die eigene Verantwortung wird eher heruntergespielt, geleugnet oder verdrängt. Darüber hinaus gelangen auch ehemalige Nationalsozialisten wieder in bedeutende politische und gesellschaftliche Positionen, nachdem die Entnazifizierung durch die Alliierten, die zunächst mit großem Engagement betrieben worden ist, mit der Zuspitzung des Kalten Krieges Ende der 40er-Jahre beendet wird.

Verdrängung des Dritten Reichs

Restauration oder Neuanfang?

Die Entwicklungen in den Gründerjahren haben dazu geführt, dass vor allem vonseiten der intellektuellen Linken die These von der Restauration der Bundesrepublik aufgestellt worden ist. Koeppens Roman spiegelt diese kritische Sichtweise wider. Genau wie er sehen sich viele in ihren Hoffnungen auf einen konsequenten politischen, gesellschaftlichen und kulturellen Neubeginn enttäuscht.

Die These von der Restauration

Einerseits kann in der Tat nicht übersehen werden, dass der radikale Bruch mit der Vergangenheit des Dritten Reichs sowohl im administrativen System als auch in den Einstellungen der Bevölkerung und der Kultur anfangs nicht erfolgt. Die Nachwirkungen der 12-jährigen Diktatur sind hier deutlich sichtbar. Auch die von den Westalliierten „geschenkte" Demokratie, die zu Beginn der Ära Adenauer noch autoritäre Züge trägt, stößt bei vielen Deutschen auf Skepsis, sodass die Identifikation mit der neuen politischen Ordnung ausbleibt. Die Schlagzeile „DEMOKATISCHER GEDANKE IN DEUTSCHLAND GEFESTIGT" (S. 130) kann angesichts der dargestellten politischen Kultur nur als ironischer Kommentar des Erzählers gelesen werden. Demokratie wird von großen Teilen der Bevölkerung zunächst weniger als ein Prozess aktiver Teilhabe am politischen Neubeginn begriffen, sondern eher als eine Veranstaltung von oben.

Nachwirkungen der Diktatur

Andererseits haben aber gerade die kontroverse Diskussion in den Anfangsjahren sowie die Kritik an den restaurativen Tendenzen nicht unerheblich dazu beigetragen, das Bewusstsein in der Öffentlichkeit wachzuhalten, dass sich die Katastrophe des Nationalsozialismus niemals wiederholen darf. Dieses Bewusstsein ist bis heute ein zentraler Bestandteil des Selbstverständnisses der Bundesrepublik Deutschland.

Abwehr des Rechtsextremismus als gesellschaftlicher Konsens

Aus heutiger Sicht können wir feststellen, dass Koeppens düstere Prognose, wie sie der Roman zeichnet, nicht eingetroffen ist. Die Gefahr eines Rückfalls in die Barbarei ist erfolgreich gebannt worden. Die zweite Republik, die auf den Trümmern des Dritten Reichs errichtet worden ist, hat sich nach schwierigem und z. T. auch widersprüchlichem Beginn schließlich vor allem durch den Demokratisierungsschub in den späten 60er-Jahren zu der pluralistischen Gesellschaft und der stabilen, rechtsstaatlichen Demokratie entwickelt, in der wir heute leben.

stabile Demokratie

Das gesellschaftliche und kulturelle Zeitklima als Thema des Romans

Abwehr der „Trauerarbeit"

„Die Unfähigkeit zu trauern" als Thema des Romans

Koeppen zeigt anhand seiner Figuren im Roman „Tauben im Gras" genau diejenigen psychischen Abwehrmechanismen auf, welche die Psychologen Alexander und Margarete Mitscherlich in ihrer berühmten Studie über die Nachkriegsgesellschaft als „Die Unfähigkeit zu trauern" (1967) bezeichnen. Bei den Romanfiguren existiert keinerlei Bereitschaft zur „Trauerarbeit", denn sie setzen sich weder mit den Ursachen des Krieges und Völkermords auseinander noch gelten ihre Gedanken den zahllosen Opfern des Terrors. Stattdessen bemühen sich viele Figuren, indem sie

Umdeutung der Wirklichkeit

nur auf ihre eigene Lebenssituation schauen, die Wirklichkeit so umzudeuten, dass sie selbst als Opfer erscheinen. So richtet beispielsweise die Lebensmittelhändlerin unter Ausblendung der historischen Zusammenhänge ihre Anklage nicht gegen die Urheber der Katastrophe, sondern allein gegen das Vorgehen der amerikanischen Besatzungsmacht. Darüber hinaus offenbaren ihre Worte ihre rassistische Einstellung: „Alles hatten sie uns genommen, rein gar nichts war da [...] und Neger haben sie uns geschickt, [...] mit Negern mussten wir uns einlassen, um nicht zu verhungern." (S. 133) Die latente Aggression gegen die schwarzen Besatzungssoldaten, deren Anwesenheit von den Romanfiguren als „Symbol der Niederlage" (S. 208) und als „Zeichen der Erniedrigung und der Schande" (ebd.) empfunden wird, entlädt sich schließlich am Ende des Romans im Angriff auf den „Negerclub". Hier genügt das Gerücht,

Erinnerungsabwehr und Täter-Opfer-Umkehrung

die „Neger" hätten „ein neues Verbrechen begangen" (S. 208), um die Bräuhausgäste in eine gewaltbereite Meute zu verwandeln. Wie die Mechanismen der Erinnerungsabwehr und der Täter-Opfer-Umkehrung funktionieren, zeigt Koeppen auch hier: Während die Fensterscheiben des Klubs unter den Steinwürfen zerbersten, erinnern sich die Älteren zwar an die Reichspogromnacht (vgl. S. 216), ihre Gedanken gelten dabei aber weder den jüdischen Opfern im Jahr 1938 noch den schwarzen Besuchern des Klubs, sondern allein den möglichen Folgen für sie selbst: „Wir müssen's doch immer bezahlen, wenn etwas kaputtgeht." (S. 216) Mit den Steinwürfen gegen den „Negerclub" verweist Koeppen auch auf die Gefahr, dass sich der Rückfall in die Barbarei jederzeit wiederholen kann, da ihre Ursachen nicht aufgearbeitet worden sind. Die „Blindheit" (S. 216) der Menschen – so der Kommentar seines Erzählers – erscheint als historische Konstante. Sie ist damit Ausdruck eines pessimistischen Geschichtsverständnisses des Autors.

Koeppens Kulturkritik

Die Verdrängung und Verharmlosung des Nationalsozialismus sowie der Kriegsereignisse zeigt der Autor innerhalb des Romans auch anhand der Mechanismen in der Medienindustrie auf. So verdienen die Zeitschriftenverlage ihr Geld u. a. damit, ehemaligen Kriegsverbrechern eine Bühne zu bieten, mit der diese ihr Verhalten während des Dritten Reichs nachträglich umdeuten und rechtfertigen können: „Die Illustrierten lebten von den Erinnerungen der Flieger und Feldherren, den Beichten der strammen Mitläufer, den Memoiren der Tapferen, der Aufrechten, Unschuldigen, Überraschten, Übertölpelten." (S. 10) Indem in den Magazinen die Täter von ihrer privaten und menschlichen Seite gezeigt werden, verschwinden die Opfer des Nationalsozialismus schließlich völlig aus dem öffentlichen

Verharmlosung des Dritten Reichs in den Medien

Bewusstsein. Selbst einer der größten Naziverbrecher wie Hermann Göring, der im Nürnberger Prozess zum Tode verurteilt worden ist, erscheint in der Boulevardpresse schließlich nur noch als Privatperson. Gesprochen wird demzufolge in der Öffentlichkeit nicht etwa über seine Politik der Kriegsvorbereitung oder seine Verantwortung für die Errichtung der Konzentrationslager, sondern nur über die Geschichte seiner Eheschließung mit der Schauspielerin Emmy Sonnemann: „Wer redete, was redete man denn? WIE EMMY HERMANN GÖRING KENNENLERNTE, die grellen Plakate schrien es von allen Wänden." (S. 57)

> **Die Täter als Privatpersonen und das Verschwinden der Opfer**

Charakteristisch für das gesellschaftliche und kulturelle Klima, das Koeppen in seinem Roman aufzeigt, ist nicht nur die Verdrängung und Verharmlosung des Dritten Reichs, sondern auch die Flucht vor den Problemen der Gegenwart. Dabei erfüllen insbesondere die Produkte der Medienindustrie eine entlastende Funktion, indem sie die Sehnsucht nach Luxus und Unterhaltung sowie den Wunsch nach einer einfachen und überschaubaren gesellschaftlichen Ordnung befriedigen. Carla Behrend träumt von den luxuriösen „mechanischen Küchen" (S. 126), wie sie die amerikanischen Magazine abbilden, und ihre Mutter, sucht Trost in den Groschenromanen, die ihr eine heile Welt vorgaukeln (vgl. S. 20). Besonders deutlich wird Koeppens Kritik an der restaurativen Kultur am Beispiel der Filmindustrie, die er durch seine Tätigkeit als Drehbuchautor gut kennt. „DIE LIEBE DES ERZHERZOGS" (S. 12), „EINE DEUTSCHE SUPERPRODUKTION" (S. 13) steht dabei als fiktives Beispiel stellvertretend für den typischen deutschen

> **Realitätsflucht der Figuren**

> **Sehnsucht nach Unterhaltung, Luxus und Vergessen**

> **Der Spielfilme als Element einer restaurativen Kultur**

Szene aus dem Film „Erzherzog Johanns große Liebe", 1950

Nachkriegsfilm, wie er in den 50er-Jahren besonders populär gewesen ist. In dieser Zeit sorgen zahlreiche wirklichkeitsferne Heimat- und Liebesfilme für seichte Unterhaltung. Sie ermöglichen dem Publikum zumindest für einige Stunden, den tristen Nachkriegsalltag zu vergessen und zu verdrängen. Am Beispiel der Tochter der Hausbesorgerin zeigt Koeppen seine Kritik an dieser Form der Wirklichkeitsflucht in zugespitzter Form auf. Bei ihr mündet die Identifikation mit der illusionistisch verzerrten Realität sogar in den völligen Wirklichkeitsverlust: „Sie war hungrig nach dem Leben, wie es ihr Filme zeigten, sie war eine verwunschene Prinzessin, zu niederem Dienst gezwungen. Sie erwartete den Messias, die Hupe des Erlöserprinzen" (S. 17). Indem die „verwunschene Prinzessin" sich aber nicht in eine zauberhafte Märchenfigur verwandelt, sondern im Gegenteil schließlich einer „schäbigen, hässlichen Puppe" (S. 131) gleicht, verdeutlicht der Erzähler den Kontrast zwischen Illusion und Wirklichkeit auf sarkastische Weise.

Koeppens Kritik an der Wirklichkeitsflucht

Gleiches gilt, wenn man auf das Objekt ihrer Begierde, den „Erlöserprinzen", schaut. In der Filmwirklichkeit verkörpert Alexander als „Erzherzog" diese Funktion, im wirklichen Leben ist er eine gescheiterte Persönlichkeit. Es ist ihm zwar vordergründig gelungen, seinen Status als Identifikationsfigur über das Dritte Reich hinaus zu konservieren – der ehemalige Darsteller der „Ritterkreuzheldenflieger" (S. 153) hat sich einfach an den Zeitgeist angepasst und in den adligen Liebhaber verwandelt –, doch gelingt es ihm schließlich nicht mehr, den Widerspruch zwischen Rolle und Realität auszuhalten: „Er hatte es satt. Er war müde. Er war ausgeheldet." (S. 153). Anhand der Figur Alexander entlarvt Koeppen die Scheinheiligkeit einer affirmativen Kultur, welche die gesellschaftlichen Probleme beschönigt und sich den drängendsten Fragen der Zeit verweigert.

Alexanders Identitätsverlust

Das Scheitern der Schriftsteller

Es sind aber nicht nur die Repräsentanten der trivialen Kultur, die an der Wirklichkeit scheitern. Auch den intellektuellen Schriftstellern gelingt es nicht, gegen die dumpfe gesellschaftliche Grundstimmung anzukommen. Das liegt zum einen daran, dass sie selbst den Glauben an eine sinnstiftende Botschaft verloren haben, zum anderen aber auch an der mangelnden Bereitschaft der Menschen, diese Botschaft überhaupt wahrzunehmen. Edwins Vortrag im Amerikahaus über die christlichen und humanistischen Werte des Abendlandes gerät zur Groteske, als zuerst die Lautsprecheranlage ausfällt und anschließend die Zuhörer einschlafen. Sein Versuch, geistige und kulturelle Orientierung zu stiften, bleibt am Ende genauso folgenlos wie der Appell des schlafsüchtigen Schnakenbach: „Schlaft nicht! Wacht auf! Es ist Zeit!" (S. 192)

Resignation, Pessimismus und die tief empfundene Sinnlosigkeit der menschlichen Existenz bestimmen die Gedanken des anderen Schriftstellers – Philipp. Philipp durchschaut zwar wie keine andere Figur des Romans die politischen und gesellschaftlichen Zusammenhänge der Zeit, doch ist es ihm gerade deshalb unmöglich, auf irgendeine Art handelnd einzugreifen. Angeekelt von der Oberflächlichkeit und dem materiellen Streben der Menschen empfindet er das Leben nur noch als lächerlich und zieht sich immer weiter in die Isolation zurück. Diese Entfremdung manifestiert sich schließlich in der Schreib- und Sprachkrise des Außenseiters: „Philipp wusste das Zauberwort nicht. Er hatte es vergessen. Er hatte nichts zu sagen. Er hatte den Leuten, die draußen vorübergingen, nichts zu sagen. Die Leute waren verurteilt. Er war verurteilt. Er war in anderer Weise verurteilt als die vorübergehenden Leute. Aber er war auch verurteilt." (S. 57)

Sprachlosigkeit und gestörte Kommunikation

Die Sprachlosigkeit und Unfähigkeit zur menschlichen Begegnung sind zentrale Themen, die sich durch den gesamten Roman ziehen. Kommunikation ist, wo sie überhaupt stattfindet, fast immer gestörte Kommunikation, weil die Figuren über keine Empathie, also die Bereitschaft, sich in andere einzufühlen, verfügen: Frau Behrend interessiert sich nicht für die Probleme ihrer Tochter Carla, sondern fürchtet nur die „Schande" (S. 143) eines schwarzen Enkelkindes, Alexander und Messalina ignorieren die psychische Gewalt, die ihrer kleinen Tochter Hillegonda widerfährt, und Philipp und Edwin wagen nicht, als sie sich im Hof des Hotels begegnen, ihre Zweifel und Ängste zu offenbaren. Obwohl sich die Figuren innerhalb des Romans ständig an verschiedenen Orten treffen, kommt es nicht wirklich zu Begegnungen. Die Figuren bleiben einsam.

Der Erzähler führt die Gedanken und das Verhalten der Figuren immer wieder auf die bedrückenden Zeitumstände zurück. Er zeigt eine Gesellschaft, die sich der Auseinandersetzung mit der Vergangenheit verweigert und sich stattdessen an Vorurteile klammert und in irreale Traumwelten flüchtet. Die unbewältigte Vergangenheit, die ihren Ausdruck in der ausbleibenden „Trauerarbeit" findet, bildet schließlich die Bürde bei der Bewältigung der Gegenwartsprobleme und verhindert die Chance auf einen politischen und kulturellen Neuanfang.

Seitenspalte:
gestörte Kommunikation

Einsamkeit

Folgen der ausbleibenden „Trauerarbeit"

Das Leben einer Romanfigur – Wolfgang Koeppens Lebensstationen

Kindheit und Jugend

Wolfgang Arthur Reinhold Köppen (er wird später die Schreibweise „Koeppen" verwenden) kommt am 23. Juni 1906 als Sohn der unverheirateten Maria Köppen in Greifswald zur Welt. Sein Vater Reinhold Halben, ein Dozent für Augenheilkunde, entzieht sich seiner Verantwortung und kümmert sich weder um die junge Mutter noch um den Sohn.

Wolfgang Koeppen mit seiner Mutter

Der fremde Vater So wächst Koeppen ohne Vater auf, lebt zunächst gemeinsam mit seiner Mutter und Großmutter in sehr bescheidenen Verhältnissen in Greifswald, bevor Mutter und Kind im Jahr 1909 nach Ostpreußen umsiedeln, wo sie von Marias Stiefschwester Olga Köppen und ihrem Lebensgefährten Theodor Wille aufgenommen werden. Der Junge verbringt die meisten Jahre *Kindheit in* seiner Kindheit in der masurischen Kleinstadt Ortelsburg *Masuren* (heute: Szczytno). Sein „Onkel" ist dort als Baumeister im Staatsdienst mit dem Wiederaufbau der Stadt beauftragt, die unmittelbar nach Ausbruch des Ersten Weltkrieges durch die russische Armee zerstört worden ist. Koeppens Verhältnis zu seinem „Onkel" bleibt eher distanziert, umso vertrauter ist seine Beziehung zu seiner „Tante Olla", der er auch noch als Erwachsener seine Sorgen und Probleme anvertrauen wird.

Der Junge zeigt nur wenig Interesse an der Schule, seine Zeugnisse sind miserabel. Er schwänzt häufig den Unterricht, verbringt seine Zeit lieber in den Wäldern oder am See. Auch der Deutschunterricht interessiert ihn nicht sonderlich, obwohl er sich früh zu einem leidenschaftlichen Leser entwickelt und von der Literatur fasziniert ist. Demzufolge endet seine Schullaufbahn bereits nach der gesetzlich vorgeschriebenen Mindestzeit. Koeppen ist gerade einmal 14 Jahre alt, als er die Schule verlässt. Inzwischen leben der Jugendliche und seine Mutter wieder in Greifswald. Er findet dort eine Anstellung in einer Buchhandlung und ist glücklich, von Büchern umgeben zu sein. Als der Buchhändler verstirbt, verliert er seine Stellung und schlägt sich mit verschiedenen Gelegenheitsarbeiten durch, u. a. fährt er für einige Monate als „Kochsjunge" zur See, arbeitet als Platzanweiser im Kino oder spielt eine kleine Rolle an einem Provinztheater.

Misserfolge in der Schule

Welt der Literatur

Aus dieser Zeit – Koeppen ist 17 Jahre alt – stammen auch seine ersten literarischen Versuche. Er begeistert sich zunächst vor allem für die expressionistische Lyrik. Eine Sammlung eigener Gedichte, die er an den Kurt-Wolff-Verlag sendet, wird aber nicht veröffentlicht.

erste literarische Versuche

Als Journalist beim „Börsen-Courier"

Einen bedeutenden Einschnitt im Leben Koeppens markiert der Tod seiner Mutter im Jahr 1925, die nur 48-jährig an den Folgen eines Gehirntumors stirbt. Koeppen verlässt ein Jahr später endgültig Greifswald, arbeitet für eine Spielzeit als Volontär am Stadttheater in Würzburg und geht anschließend nach Berlin. Auch hier lebt er in schwierigen wirtschaftlichen Verhältnissen und ist vermutlich weiterhin auf finanzielle Zuwendungen seines „Onkels" Theodor Wille an-

Tod der Mutter

gewiesen. Auch seine Gefühlswelt wird in dieser Zeit heftig erschüttert. Er denkt sogar daran, sich das Leben zu nehmen. Der Grund dafür ist eine quälende, unglückliche Liebe zu der Schauspielerin Sybille Schloß, die in ihm zwar einen Freund sieht, seine leidenschaftlichen Gefühle aber nicht erwidert. Später wird er diese Erfahrung in seinem ersten Roman „Eine unglückliche Liebe" (1934) literarisch gestalten.

unglückliche Liebe

Wolfgang Koeppen mit Kollegen des „Börsen-Couriers"

Nach der Veröffentlichung einiger kleinerer Artikel wird Koeppen im September 1932 bei der renommierten Tageszeitung „Berliner-Börsen-Courier" fest angestellt. Als Mitglied der Feuilletonredaktion hat er die Aufgabe, über lokale Kulturereignisse zu berichten. Darüber hinaus erscheinen in der Zeitung mehrere Rezensionen aus seiner Hand, in denen er literarische Neuerscheinungen bespricht. Als der „Börsen-Courier" 1934 in der rechtsgerichteten „Berliner Börsen-Zeitung" aufgeht, verliert Koeppen seine Anstellung, da man, wie ihm durch den Chef der Zeitung mitgeteilt wird, keine Verwendung mehr für ihn habe.

Koeppens „Unterstellen" im Dritten Reich

Die vorausgegangene Machtübernahme durch die Nationalsozialisten im Januar 1933 und die darauf folgende systematische Errichtung eines totalitären Systems in Deutschland scheinen an Koeppen zunächst weitgehend spurlos vorüberzugehen. Er registriert die Ereignisse, verharrt aber eher in der Rolle eines schweigenden Beobachters. Hier zeigt sich eine Parallele zu seiner Romanfigur Philipp, der

Koeppen als schweigender Beobachter

zwar als „Gefühlskommunist" (S. 152) den Nationalsozialismus verabscheut, aber seinen Protest nur als innere Haltung erlebt. Philipps Worte „ich drückte mich durch die Diktatur, ich hasste aber leise, ich hasste aber in meiner Kammer, ich flüsterte aber mit Gleichgesinnten" (S. 152) dürfen in ähnlicher Weise wohl auch für den Romanautor selbst gelten.

Philipp als Projektion des Autors

Koeppen reist 1934 nach Italien und arbeitet an seinem ersten Roman, den er aber schließlich erst auf Drängen des Verlages fertigstellt. Inzwischen lebt Koeppen wieder in Berlin. Dort hat er bei der wohlhabenden Familie Michaelis Unterkunft gefunden, die mit seinem Förderer und Lektor des Cassirer-Verlages Max Tau befreundet ist. Als die Michaelis Deutschland verlassen und nach Den Haag emigrieren, folgt Koeppen ihrer Einladung und geht in die Niederlande. Aus dem ursprünglich geplanten Besuch wird schließlich ein Aufenthalt von vier Jahren. Dort entsteht im Laufe des Jahres 1935 sein zweiter Roman „Die Mauer schwankt", der in Deutschland im gleichen Jahr noch im jüdischen Bruno Cassirer-Verlag erscheinen kann. Die Neuauflage erscheint dann 1939 unter dem Titel „Die Pflicht" im Universitas-Verlag; der Bruno Cassirer-Verlag ist zu diesem Zeitpunkt bereits liquidiert. Wie bereits in seinem ersten Roman bildet auch diesmal der autobiografische Hintergrund die Folie für die Romanhandlung, wobei Koeppen sozusagen in seine Kindheit in Ostpreußen „zurückreist". So erinnert z. B. die Hauptfigur des Romans, der preußische Baumeister Johannes von Süde, deutlich an seinen „Onkel" Theodor Wille.

„Umzug" nach Den Haag

„Die Mauer schwankt"

Obwohl Koeppens Zeit in den Niederlanden zunächst von großer Produktivität gekennzeichnet ist, leidet er zunehmend unter der Einsamkeit im selbstgewählten „Exil". Aus diesem Grund bemüht er sich schon bald darum, in Deutschland eine Anstellung zu finden. Mit der Unterstützung einiger Freunde aus der Berliner Zeit gelingt die Rückkehr im November 1938. Vier Tage nach der Reichspogromnacht ist Koeppen wieder in Berlin. Der Autor, der sich bereits früh für das Medium Film interessiert hat, erhält u. a. durch die Unterstützung des Regisseurs Paul Verhoeven ein Engagement als Drehbuchautor. In den folgenden Jahren ist Koeppen an etwa zehn Filmprojekten beteiligt. Er erstellt Entwürfe, Handlungsexposees und arbeitet an verschiedenen Drehbüchern mit. Der Spielfilm „Jugendliebe", ein Film nach Motiven von Gottfried Kellers Novelle „Romeo und Julia auf dem Dorfe", bleibt jedoch der einzige Film, dessen abschließende Drehbuchfassung durch Koeppen mitgestaltet wurde und der tatsächlich während des Dritten Reichs in die Kinos gelangt.

Rückkehr nach Berlin

Drehbuchautor beim Spielfilm

Die Mitarbeit beim Film hat für Koeppen zwei wesentliche Vorteile: Zum einen ist die Arbeit lukrativ und ermöglicht ihm endlich die finanzielle Unabhängigkeit, zum anderen bewahrt sie ihn davor, eingezogen zu werden, womit er dem Schicksal, als Soldat für Hitler kämpfen zu müssen, entgehen kann. Zwar wird er kurz vor Ende des Krieges noch zum Volkssturm eingezogen, Kampfeinsätze bleiben ihm jedoch erspart.

Die schwierige Ehe mit Marion

Aufgrund seiner Verbindung zur Bavaria Filmkunst GmbH lebt Koeppen in den letzten beiden Kriegsjahren überwiegend in der Nähe von München am Starnberger See. Hier wohnt er die meiste Zeit im Klubhaus Feldafing, einem mondänen Hotel, in dem sich häufig eine illustre Gesellschaft von Gästen, u. a. aus der Film- und Kulturbranche, versammelt. Gleichzeitig bietet das Hotel durch seine Abgeschiedenheit einen größeren Schutz vor den Luftangriffen der Alliierten. Koeppen bewohnt hier ein geräumiges Souter-

Klubhaus Feldafing

Marion Ulrich

rainzimmer mit Blick auf den See. Bei einem Abendessen im Klubhaus lernt er die Schwägerin des Hotelbesitzers, die 16-jährige Marion Ulrich, kennen, die aus einer wohlhabenden Münchener Familie stammt. Sie wird die Liebe seines Lebens, eine Liebe, die, begleitet von heftigen Krisen, ihn wiederholt an die Grenzen der Selbstzerstörung führen wird.

Marion Ulrich

Das Paar heiratet im Oktober 1947, Koeppen ist zu diesem Zeitpunkt 41 Jahre alt, Marion Ulrich mit gerade einmal 20 Jahren noch minderjährig, weshalb die Einwilligung ihres Vaters zur Eheschließung erforderlich ist. Das gemeinsame Leben wird durch die Krankheit Marion Koeppens von Beginn an stark belastet: Sie ist alkohol- und tablettenabhängig. Immer wieder kommt es zu Wutanfällen und Zusammenbrüchen der Betrunkenen, denen sich Koeppen hilflos gegenübersieht. Eine Behandlung in einer Klinik für Suchtkranke lehnt Marion vehement ab, Gespräche darüber münden in heftigen Auseinandersetzungen und bleiben letzten Endes folgenlos. Angesichts der prekären häuslichen Situation zieht Koeppen sich häufig in Hotels zurück, um überhaupt in Ruhe arbeiten zu können. So entsteht beispielsweise sein Roman „Das Treibhaus" (1953) in einem fensterlosen Stuttgarter Bunkerhotel. Trotz der beschriebenen widrigen Lebensumstände hält Koeppen an der Beziehung zu seiner Frau immer fest. Sie endet erst mit dem Tod Marions 1984.

Marions Krankheit

Wie sehr Koeppens persönliche Lebenserfahrungen Eingang in sein literarisches Werk gefunden haben, offenbart sich z. B. anhand der Gestaltung der Figur Emilia aus „Tauben im

Marion als Romanfigur — Gras", die das Abbild seiner Frau Marion zu sein scheint. Koeppen zeichnet Emilia als gespaltene Persönlichkeit, die unter Alkoholeinfluss unberechenbar und aggressiv wird und sich vom gutherzigen Dr. Jekyll in den bösen Mr. Hyde verwandelt. Angesichts dieser wiederkehrenden Metamorphosen nimmt Philipp in der fiktionalen Welt des Romans Reißaus, verbringt die Nächte in schäbigen Absteigen oder läuft einfach ziellos durch die Straßen der zerstörten Stadt – in der realen Welt bleibt auch Koeppen in vergleichbaren Situationen häufig nichts anderes übrig als die Flucht.

Die Romane der 50er-Jahre

Nachkriegszeit — In der Nachkriegszeit geht es für die Koeppens wie für die meisten Deutschen zunächst einmal um die Sicherung ihrer Existenz. Es fehlt an dem Nötigsten. Um den Lebensunterhalt zu bestreiten oder auch die Münchener Wohnung nur notdürftig einzurichten, ist das Paar gezwungen, Kunstgegenstände aus der Erbschaft Marions zu verkaufen – wieder eine Parallele zum Roman „Tauben im Gras", denn auch Emilia muss ihre Erbstücke zum Pfandleiher tragen.

Wolfgang Koeppen (50er-Jahre)

Schon bald nach Ende des Krieges kehrt Koeppen dorthin zurück, wo seine Karriere zu Beginn der 30er-Jahre angefangen hat: ins Feuilleton. Er veröffentlicht einige Theaterkritiken und Berichte über Dreharbeiten in der „Neuen Zeitung", einem von der amerikanischen Besatzungsmacht herausgegebenen Organ, das im Nachkriegsdeutschland

Rückkehr ins Feuilleton

zu einer der bedeutendsten Zeitungen avanciert. Auch als Drehbuchautor versucht Koeppen, wieder Fuß zu fassen. Für seinen Drehbuchentwurf „Bei Betty", ein Versuch, die Gegenwart im Nachkriegsdeutschland gleichsam mikrokosmisch anhand von Begegnungen und Ereignissen an einer billigen Schankstube in den Ruinen einer Stadt abzubilden, findet sich aber kein Produzent, sodass der Film nicht realisiert werden kann. Dennoch lässt das Thema Koeppen nicht mehr los.

Scheitern als Filmautor

Die unmittelbare Gegenwart im Nachkriegsdeutschland wird zum zentralen Gegenstand seiner Romane aus den 50er-Jahren. 1951 erscheint „Tauben im Gras" im Scherz und Goverts Verlag, in rascher Folge veröffentlicht er dort anschließend die Romane „Das Treibhaus" (1953) und „Der Tod in Rom" (1954). Im Hinblick auf die zeitkritische Analyse der bundesdeutschen Nachkriegsgesellschaft können die Romane eine Sonderstellung beanspruchen, es gibt in dieser Phase der deutschen Literatur kaum Werke anderer Autoren, die man Koeppens Werken zur Seite stellen könnte. Alle drei Romane legen Zeugnis davon ab, dass sich die Rede von der viel beschworenen „Stunde Null", die suggeriert, man könne einfach von vorne anfangen und die Vergangenheit des Dritten Reichs schnell abschütteln, als Illusion erweist. Das Gesicht, welches Koeppen von der jungen Bundesrepublik zeigt, hat wenig gemein mit dem Optimismus des Wiederaufbaus, den Verheißungen des Wirtschaftswunders und der Etablierung einer demokratischen politischen Kultur, sondern erscheint eher als ein düsteres Panorama einer Gesellschaft, die aus der leidvollen Vergangenheit nichts gelernt hat. Im Roman „Tauben im Gras" schildert Koeppen die Angst und Desorientierung der Menschen in der Nachkriegszeit, die als „Zwischenzeit" erscheint, da sich bereits die Vorboten eines neuen Krieges ankündigen. Der Roman „Das Treibhaus" zeigt die Korrumpierbarkeit der politischen Eliten und das Scheitern

„Tauben im Gras"

„Das Treibhaus"
„Der Tod in Rom"

Analyse der Nachkriegsgesellschaft als zentrales Thema der Romane

eines pazifistischen Zukunftsentwurfs angesichts der bevorstehenden Remilitarisierung der Bundesrepublik. Im Roman „Tod in Rom" verdeutlicht der Autor die seelischen Folgen des Nationalsozialismus und konturiert ein bedrückendes Bild von der Kontinuität faschistischer Gesinnung.

Reisebücher und Schreibkrise

Nach der intensiven Arbeit an den drei Nachkriegsromanen ist Koeppen erschöpft. Die Arbeit an einem weiteren Romanprojekt kommt nicht recht voran. In dieser Phase trifft es sich gut, dass Alfred Andersch, Gründer und Leiter der Redaktion „Radio-Essays" beim Süddeutschen Rundfunk, Koeppen anbietet, im Auftrag des Senders verschiedene Reisen zu unternehmen und über seine Beobachtungen und Erfahrungen Beiträge für den Hörfunk zu verfassen. Koeppen nimmt das Angebot begeistert an. In den folgenden Jahren bereist er – zu Beginn noch in Begleitung seiner Frau – verschiedene europäische Länder sowie die USA. Die gesendeten Radioessays, die anschließend auch als Reisebücher erscheinen, weisen den Verfasser als sensiblen Beobachter aus. Dabei unterscheiden sich die Texte deutlich von herkömmlichen Reiseberichten, da sie sich nicht auf die empirische Wirklichkeit beschränken, sondern diese gleichsam gefiltert durch das innere Erleben des Autors mit dessen literarischen, historischen und mythologischen Assoziationen vermengen. Damit stehen sie letzten Endes der fiktionalen Literatur näher als dem Bericht.

Radioessays und Reisebücher

Koeppen erntet insgesamt große Anerkennung für seine „empfindsamen" Reisebücher, obwohl einzelne Stimmen, etwa die des Literaturkritikers Marcel Reich-Ranicki, in ihnen auch eine Ausweichmöglichkeit, die von der eigentlichen Aufgabe des Romanautors ablenke, zu erkennen meinen.

Auch die Romane der Nachkriegszeit erhalten in den 60er-Jahren eine Neubewertung. Sie findet ihren Ausdruck in einer Vielzahl von Preisen und Auszeichnungen, u. a. wird Koeppen 1962 der bedeutendste deutsche Literaturpreis verliehen: Er erhält den Georg-Büchner-Preis. Paradoxerweise wird ein Romanautor geehrt, der keinen Roman mehr schreibt bzw. keinen Roman mehr fertigstellt. Koeppen befindet sich seit Anfang der 60er-Jahre in einer tiefen Schreibkrise. In diesem Fall scheint es beinahe so, als sei die Romanwelt der Wirklichkeit vorausgeeilt, denn auch Koeppens Figur Philipp kann keinen Roman mehr schreiben. Seit 1961 beim renommierten Suhrkamp-Verlag unter Vertrag, der ihm in Erwartung des großen Romans regelmäßig Vorschüsse gewährt, gelingt es Koeppen nicht mehr, einen Roman zu vollenden. In regelmäßigen Abständen wiederholt sich in den folgenden Jahren und Jahrzehnten das gleiche Muster: Koeppen verspricht einen neuen Roman, woraufhin der Verlag das baldige Erscheinen des Werks ankündigt, später teilt der Autor zerknirscht das Misslingen des Vorhabens mit – der Roman kann nicht erscheinen. Nun ist es keineswegs so, dass Koeppen nichts mehr schreibt, das Gegenteil ist zutreffend: Der Autor schreibt unentwegt, manchmal auf mehreren Schreibmaschinen gleichzeitig, erstellt Skizzen, Handlungsentwürfe und sammelt akribisch Ideen, nur ist es ihm nicht mehr möglich, diese Bruchstücke zu einem Ganzen zusammenzufügen. Immer stärker empfindet er sich selbst, wie er in verschiedenen Interviews bekundet, als eine Romanfigur, der die fiktionale Welt und die erlebte Wirklichkeit zu einem unlösbaren Knäuel verfilzen, wodurch er die notwendige Distanz zum Schreiben schließlich verliert. Dabei mangelt es nicht an ermunternder Unterstützung von unterschiedlichen Seiten, sein ehemaliger Lektor Tau, der Kritiker Reich-Ranicki, befreundete Schriftsteller und vor allem sein Verleger Siegfried Unseld werden nicht müde, Koeppen zum Schreiben zu motivieren.

Georg-Büchner-Preis

Schreibkrise

Das Ergebnis all dieser Bemühungen und Ermutigungen, die Koeppen vielleicht auch als zusätzliche Last empfunden haben mag, ist das schließlich 1976 erscheinende Prosafragment „Jugend", welches nur den Auftakt zu einer umfassenden mehrbändigen Autobiografie darstellen soll. Das von der Kritik sehr positiv aufgenommene Werk bleibt aber schließlich die einzige umfassende neue Schrift, die während seiner 35-jährigen Zugehörigkeit zum Suhrkamp-Verlag veröffentlicht wird. Der wiederholt angekündigte große Roman erscheint nie, obwohl Koeppen bis kurz vor seinem Tod noch hofft, dass das Vorhaben gelingen werde.

Prosafragment „Jugend"

An einem weiteren Text, der 1992 unter dem Titel „Jakob Littners Aufzeichnungen aus einem Erdloch" erscheint und von der Kritik zunächst begeistert aufgenommen wird, entzündet sich später eine heftige Kontroverse. Die autobiografische Geschichte eines deportierten Juden, der die Shoah überlebt, ist bereits 1948 zum ersten Mal erschienen. Der Autor damals: Jakob Littner. Dass Koeppen den Urtext Littners, der den Titel trägt „Mein Weg durch die Nacht", sowohl sprachlich als auch inhaltlich bearbeitet hat, bleibt 1948 noch unerwähnt. Nun erscheinen 1992 die „Aufzeichnungen" erneut; als Autor wird diesmal Wolfgang Koeppen genannt, der behauptet, den Text neu geschrieben zu haben. Als einige Jahre später das ursprüngliche Manuskript bei Nachfahren Littners entdeckt wird, zeigt sich, dass Koeppen nicht die Wahrheit gesagt hat. Der Vergleich der Fassungen offenbart, dass Koeppen Littners Bericht in Teilen wörtlich übernommen und in anderen Teilen umgeschrieben hat, um ihm den Charakter eines Romans zu verleihen.

Kontroverse um Jakob Littners „Aufzeichnungen"

Den Plagiatsvorwurf und die damit verbundene moralische Debatte um die Editionsgeschichte des Werks hat Koeppen nicht mehr erlebt. Der an Parkinson Erkrankte stirbt am 15. März 1996 in einem Münchener Pflegeheim. Seine letzte

Krankheit und Tod

Ruhe findet er an der Seite seiner Frau Marion auf dem Münchener Nordfriedhof.

In seiner Geburtsstadt Greifswald, die Koeppen 1990 die Ehrendoktorwürde verliehen hat, befindet sich heute ein umfangreiches Archiv, das auch den Nachlass des Autors beherbergt. Verborgen in diesem Archiv zwischen unzähligen Seiten mit Notizen, Skizzen und Entwürfen: der große Roman seines Lebens.

Wolfgang Koeppen in der Klosterruine Eldena, 1991

Literaturgeschichtliche Kontexte

„Tauben im Gras" im Kontext der Nachkriegsliteratur

Die deutsche Nachkriegsliteratur ist bestimmt durch die Gleichzeitigkeit des Ungleichen. Für die jüngere Autorengeneration und die zurückkehrenden Emigranten werden der Zusammenbruch der Zivilisation durch das Dritte Reich und das Grauen des Zweiten Weltkriegs zu den zentralen Themen der literarischen Arbeit. Dabei suchen vor allem die jungen Schriftsteller nach neuen Ausdrucksmöglichkeiten und wenden sich durch eine einfache und klare Sprache bewusst von traditionellen ästhetischen Formen ab. In deutlichem Gegensatz zu ihnen stehen die älteren Autoren der sogenannten „inneren Emigration", die während der Herrschaft der Nationalsozialisten im Deutschen Reich geblieben sind.

gegensätzliche Tendenzen in der Nachkriegsliteratur

Flucht aus der Wirklichkeit – Literatur der „inneren Emigration"

In den westlichen Besatzungszonen bzw. ab 1949 in der Bundesrepublik sind es zunächst die Autoren der „inneren Emigration", deren Bücher beim Lesepublikum erfolgreich sind. Ihre Literatur ist durchweg konservativ geprägt und versucht, an die Wertvorstellungen der Antike und des abendländischen Humanismus anzuknüpfen. Eine kritische Auseinandersetzung mit der Vergangenheit oder der gesellschaftlichen Wirklichkeit der Gegenwart findet sich in den Gedichten und Erzähltexten dieser Autoren nicht – beispielhaft sei hier auf Werner Bergengruen und Wilhelm Lehmann verwiesen –, stattdessen stehen Innerlichkeit, die Magie der Natur oder die Beschwörung metaphysischer und religiöser Daseinsgründe im Mittelpunkt der Werke. Wird die Realität überhaupt einmal erwähnt, wird sie eher indirekt dargestellt und kaum greifbar in Naturmetaphern aufgelöst. Für die Leser im Nachkriegsdeutschland – und das erklärt z. T. auch den Erfolg der Autoren – dürfte die Weltferne, wie sie die Texte widerspiegeln, angesichts der eigenen erlebten Wirklichkeit auch eine entlastende Funktion besessen haben.

Im Gegensatz zu den konservativ und traditionalistisch orientierten Autoren formuliert die junge Schriftstellergeneration – die meisten gehörten zur neuen „Lost Generation" der Kriegsheimkehrer – eine neue Poetik, die sich sowohl von den Emigranten als auch von den Autoren der „inneren Emigration" abhebt. Ihr Konzept eines „Kahlschlags", einer bewusst reduzierten Sprache und Konzentration auf die Darstellung von Gegenständlichem, ist dabei als Reaktion auf den Sprachmissbrauch und propagandistischen Wortschwall im Dritten Reich zu begreifen. Die zentralen Themen der neuen Literatur, die als „Kriegs-, Heimkehrer-, Trümmerliteratur" schon in ihrer Kennzeichnung keiner Stilrichtung, sondern einer Zeiterfahrung folgt, spiegelt die materiellen, vor allem aber die immateriellen Folgen des Krieges wider. Dabei geht es den Autoren um die Darstel-

„Kahlschlag" der Sprache und Trümmerliteratur

lung der Wahrheit, um eine schonungslose Bestandsaufnahme, um eine „Inventur", wie es auch der Titel des berühmten Gedichts von Günter Eich zum Ausdruck bringt. Als herausragende Vertreter dieser Stilrichtung, die sich zunächst literarisch vor allem in Kurzgeschichten ausdrücken, gelten u. a. Wolfgang Borchert, Heinrich Böll und Wolfdietrich Schnurre. Sie knüpfen dabei z. T. an die Traditionslinie der Neuen Sachlichkeit aus den 1920er-Jahren an. Beeinflusst werden die Autoren in ihrem Stil außerdem durch den amerikanischen Erzähler Ernest Hemingway, wobei vor allem dessen karg-realistischer Berichts- und Reportagestil Vorbildcharakter hat.

Eine besondere Rolle in der Nachkriegsliteratur nehmen die Schriftsteller des Exils ein, die nach der Machtergreifung durch die Nationalsozialisten gezwungen waren, Deutschland zu verlassen. Diese Autoren bilden zwar weder in ihrem literarischen Selbstverständnis noch in ihrer politischen Überzeugung eine einheitliche Gruppe, stimmen aber in ihrer radikalen Ablehnung des Faschismus überein, was sich auch in ihren Werken widerspiegelt. Zwischen ihnen und den Vertretern der „inneren Emigration" entbrennt nach 1945 eine heftige Kontroverse über die Rolle des Schriftstellers und den Wert der jeweils geschaffenen Literatur. So charakterisiert z. B. der Emigrant Thomas Mann die Literatur der während der nationalsozialistischen Diktatur in Deutschland Verbliebenen als „weniger als wertlos", da ihr der „Geruch von Blut und Schande" anhefte. Als Entgegnung darauf bemühen sich einzelne Schriftsteller der „inneren Emigration" um nachträgliche Sinnstiftung, indem sie ihr Bleiben als vorbildhaft darstellen und die moralische Urteilsfähigkeit der Emigranten in zynischer Weise bestreiten, weil diese nur aus den „Logen- und Parterreplätzen des Auslands" zugeschaut hätten.

Literatur des Exils

Nach dem Zusammenbruch des Dritten Reichs stehen viele der geflohenen Schriftsteller vor der Frage, ob sie nach

Deutschland zurückkehren sollen. Einige der Autoren wie z. B. Thomas Mann lassen sich im europäischen Ausland nieder und kommen – abgesehen von kurzen Besuchen – nicht wieder zurück, andere wie Bertolt Brecht, Anna Seghers oder Johannes R. Becher gehen in die sowjetisch besetzte Zone bzw. die DDR, die ihrem antifaschistischen Selbstverständnis entspricht, wodurch sie wiederum dem Westen suspekt werden. Das politische Klima des Kalten Krieges hat inzwischen auch den Literaturbetrieb erreicht und bestimmt die Wahrnehmung und Rezeption der Literatur. Für viele der deutschen Autoren bedeutet das, dass ihre Werke zunächst auf der jeweils anderen Seite der Grenze kaum zur Kenntnis genommen werden.

In der sowjetisch besetzten Zone bzw. ab 1949 in der DDR steht die Literatur von Beginn an im Zeichen des von oben verordneten Sozialismus. Die Schriftsteller werden verpflichtet, am Aufbau des Staates mitzuwirken, indem sie durch ihre literarischen Arbeiten zur Bildung eines sozialistischen Bewusstseins beitragen sollen. Literarische Formexperimente und Subjektivismus gelten als westlich dekadent, stattdessen wird der sozialistische Realismus nach sowjetischem Vorbild zur offiziellen programmatischen Grundlage erklärt. Daneben gilt gemäß der Losung „Vorwärts zu Goethe" das klassische Erbe der deutschen Literatur (Lessing, Goethe, Schiller, Heine, Büchner) als vorbildhaft.

sozialistischer Realismus

Offenbar haben sich viele Schriftsteller durch die engen ideologischen Vorgaben in ihrer literarischen Produktion eingeschränkt gefühlt. Die sogenannten „Aufbauromane", in denen sich ein sozialistischer „Held" gegen alle Widerstände durchsetzt und am Ende im Sinne der Weiterentwicklung des Sozialismus obsiegt, bleiben auch in der DDR eher ungeliebte Pflichtlektüre. Literarische Bedeutung erlangen sie nicht.

Versucht man nun Koeppens Nachkriegsromane in die unterschiedlichen Strömungen der deutschen Literatur der

Zeit einzuordnen, stößt man auf größere Schwierigkeiten. Lebensgeschichtlich teilt er zwar mit den Schriftstellern, die nicht fliehen mussten, die Erfahrungen der „inneren Emigration", denn auch er hat während der nationalsozialistischen Terrorherrschaft die meiste Zeit in Deutschland gelebt, doch unterscheidet sich seine literarische Arbeit nach 1945 sowohl inhaltlich als auch sprachlich und erzähltechnisch fundamental von den konservativen Autoren, die sich vor allem am klassischen Erbe orientieren.

Sonderstellung Koeppens

Mitglieder der „Gruppe 47", 1949

Näher steht Koeppen in seinem Nonkonformismus den Autoren der „Gruppe 47", einem Bündnis der jungen Schriftsteller. Anfangs noch stark von der schlichten Poetik des „Kahlschlags" geprägt, entwickelt sich die Gruppe im Verlauf der 50er-Jahre weiter und avanciert zur wichtigsten „Institution" der literarischen Moderne in der Bundesrepublik. Koeppen bleibt zwar Außenseiter und wird nie Mitglied der Gruppe, hegt aber doch deutliche Sympathien für deren Autoren.

„Gruppe 47"

Während die jungen Schriftsteller in ihren Texten zunächst aber noch auf die Verarbeitung ihrer Kriegserfahrungen fokussiert sind – so z. B. Böll in seinem ersten Roman „Wo warst du, Adam?" (1951) –, wendet sich Koeppen mit dem Roman „Tauben im Gras" der unmittelbaren Gegenwart der Bundesrepublik zu und nimmt dabei insbesondere das gesellschaftliche Klima der Nachkriegszeit in den Blick. So zeigt er in „Tauben im Gras" nicht nur die Desorientierung der Menschen und die Angst vor einem neuen Krieg auf, sondern auch das Fortbestehen des faschistischen Denkens in der Gesellschaft der Bundesrepublik. Damit stellt er die

Klima der Nachkriegszeit

Entdämonisierung des Nationalsozialismus

Entlastungslüge bloß, dass allein Hitler und die nationalsozialistische Führung für die mörderischen Verbrechen verantwortlich gewesen seien. Mit der Entdämonisierung des Nationalsozialismus steht er damit z. B. Günter Grass' Roman „Blechtrommel" (1959) näher als den zeitgleich erscheinenden Romanen zu Beginn der 50er-Jahre. Im Roman „Tauben im Gras" wird die Rede von der häufig beschworenen „Stunde Null", die suggeriert, man könne einfach von vorne anfangen und einen Schlussstrich unter das Dritte Reich ziehen, als Illusion entlarvt. Die Figuren, die Koeppen zeichnet, erscheinen demnach auch nicht als Repräsentanten eines Neubeginns oder einer Aufbruchstimmung, sondern vielmehr als orientierungslos Umherirrende, die mit der Zeit nicht zurechtkommen.

Techniken des Erzählens

Das geschilderte „Zeitklima" findet in der Form des Erzählens seine Entsprechung: Sie ist bestimmt durch Atemlosigkeit, Hast und Hektik. Die Fülle disparater Bilder, die assoziativen Reihungen und Anspielungen, die jähe Unterbrechung der Erzählstränge, die Simultanität der Ereignisse, der übergangslose Wechsel der Perspektiven – all diese Merkmale sind erzählerischer Ausdruck einer unsicheren, nicht mehr zu ordnenden Gegenwart. Mit diesen Erzählstrategien knüpft Koeppen konsequent an die Traditionslinie des modernen Erzählens zu Beginn des 20. Jahrhunderts an.

„Tauben im Gras" im Kontext der literarischen Moderne

Bruch mit der Tradition

Als der Begriff „Moderne" am Ende des 19. Jahrhunderts auftaucht, benennt er zunächst eine „neue" Epoche auch der Literatur, die ihrem Selbstverständnis nach im Kontrast zur bisherigen Tradition steht.

Dabei ist sie von Beginn an keine einheitliche, einer bestimmten Poetik verpflichtete Stilrichtung mehr, sondern pluralistisch in diverse Facetten differenziert. In diesem Sinne ist der Begriff „literarische Moderne" eine Sammelbezeichnung für sehr unterschiedliche Kunstrichtungen, die z. T. auseinander hervorgehen bzw. aufeinander folgen, z. T. aber auch nebeneinander bestehen und dabei oftmals in einem heftigen Widerstreit miteinander liegen. Beispielhaft sei für die literarische Moderne der Jahrhundertwende auf den Naturalismus, die Dekadenzdichtung sowie den Expressionismus verwiesen.

Vielfalt der Kunstrichtungen

Bei allen Differenzen ist den verschiedenen künstlerischen Strömungen, die unter dem Titel „Moderne" zusammengefasst werden, gemeinsam, dass die Autoren in ihren Werken auf den radikalen sozialen und kulturellen Wandel reagieren und dabei in Abgrenzung zur literarischen Tradition nach neuen ästhetischen Ausdrucksmöglichkeiten suchen.

Im ausgehenden 19. Jahrhundert wird die Gesellschaft von verschiedenen Seiten erschüttert. Der Fortschritt in den Naturwissenschaften sowie technische Innovationen führen zu rasanten Veränderungen in der Lebens- und Arbeitswelt der Menschen, wovon insbesondere das Leben in den schnell wachsenden Städten betroffen ist. Einher mit diesem Prozess geht eine Entwicklung, bei der traditionelle Orientierungsmuster und Wertvorstellungen ihre Gültigkeit verlieren. So werden z. B. durch Charles Darwins Evolutionstheorie, die „Entdeckung des Unbewussten" durch Sigmund Freud, die Relativitätstheorie Albert Einsteins oder die Philosophie

radikale Veränderung der Lebenswelt

Verlust traditioneller Modelle der Weltdeutung

Sigmund Freud (1856–1939)

Friedrich Nietzsches von unterschiedlichen Seiten die tradierten Grundsätze des Denkens und Glaubens nachhaltig verunsichert. Die traditionellen Erklärungsmodelle der Welt verlieren ihre Gültigkeit.

<small>neue Formen des Erzählens als Reaktion auf die veränderte Wirklichkeit</small>

Auf das veränderte Wirklichkeitsverständnis reagieren die Schriftsteller mit neuen Formen der Wirklichkeitsdarstellung. Die Ausdrucksformen des traditionellen Romans mit einem ordnenden, das Geschehen gleichsam überschauenden Erzähler, einem vorbildhaften „Helden" und einer klaren Raum- und Zeitstruktur stellen keine angemessene Möglichkeit mehr dar, die zersplitterte Welt zu erfassen. Der moderne Roman zeichnet sich stattdessen durch eine mehrperspektivische Darstellung der Wirklichkeit aus, wobei besonders das personale Erzählen in den Vordergrund tritt.

<small>Der moderne Roman</small>

Der moderne Antiheld erscheint in Abhängigkeit von den gesellschaftlichen Bedingungen häufig als Außenseiter, als dissoziierte Figur, die um ihre Identität ringt. Dabei wird der Rezipient unmittelbar mit den Bewusstseinsvorgängen der Figuren konfrontiert. Durch die erlebte Rede, den inneren Monolog oder die Technik des Bewusstseinsstroms als Formen der Wahrnehmungsdarstellung blickt der Leser unmittelbar in die Psyche der Figuren. Darüber hinaus wird im modernen Roman auch die traditionelle geschlossene Struktur aufgehoben, an die Stelle von Kontinuität und Chronologie als einheitsstiftende Prinzipien treten unterschiedliche Formen der Konstruktion und Montage sowie die Vermischung der Zeit- und Stilebenen.

Gattungstheoretische Aspekte

Traditioneller Roman		Moderner Roman
• Erzähler überschaut das Geschehen, souveräne Überlegenheit • auktoriales Erzählverhalten	← Erzähler →	• unmittelbare, mehrperspektivische Darstellung der Wirklichkeit • Wechsel des Erzählverhaltens, häufig personales Erzählen
• Abhängigkeit von Familie und Tradition • aktiver Held, vorbildhaft • Identität von Charakter und Handlung • äußere Wirklichkeit	← Figuren →	• Abhängigkeit von den gesellschaftlichen Bedingungen • reduzierter Antiheld, Außenseiter • Bewusstsein/Lebensgefühl im Mittelpunkt • Innensicht der Figuren
• Chronologie, Kontinuität • Raum und Zeit als strukturbildende Prinzipien • geschlossene Form	← Struktur →	• Konstruktion und Montageform • Aufhebung der Chronologie, Vermischung verschiedener Zeit- und Stilebenen • offene Form

„Tauben im Gras" als Nachholen der Moderne

Wie kein anderer zeitgenössischer Erzähler – eine Ausnahme bildet vielleicht der andere Außenseiter Arno Schmidt – greift Koeppen die Tradition modernen Erzählens auf und macht sie für die Darstellung der Wirklichkeit fruchtbar. Er findet in den ästhetischen Errungenschaften der literarischen Moderne die adäquate Form, die „Essenz des Daseins" im Nachkriegsdeutschland darzustellen. Er selbst spricht im Zusammenhang mit seinem Roman von einem

„Tauben im Gras" als „nachgeholte Moderne"

späten „Nachholen" der Moderne, deren Traditionslinien durch den Nationalsozialismus in Deutschland abgeschnitten worden sind. Neben Franz Kafka und Marcel Proust sind es vor allem James Joyce, John Dos Passos und Alfred Döblin, die einen nachhaltigen Einfluss auf Koeppens Werk ausgeübt haben.

James Joyce John Dos Passos Alfred Döblin

„Ulysses"

In Joyces Hauptwerk, dem Roman „Ulysses" (1922), der als bedeutendster Roman der Moderne überhaupt gilt, schildert der Erzähler die Ereignisse eines einzigen Tages im Leben des Anzeigenagenten Leopold Bloom in Dublin, der ähnlich wie Odysseus aus der griechischen Mythologie eine Irrfahrt durchlebt. Die Handlungen, Erlebnisse und Bewusstseinsinhalte der auftretenden Figuren – aber auch ihr Unbewusstes – werden dabei durch eine äußerst komplexe Erzähltechnik veranschaulicht. Joyce erreicht in seinem Roman eine neue Intensität der Darstellung vor allem durch die Figurenrede in Form des *stream of consciousness* (Bewusstseinsstrom), wodurch Gedanken, Wünsche und Gefühle der Figuren unmittelbar, ohne kommentierende Zwischeninstanz und ohne Rücksichtnahme auf sprachliche Normen abgebildet werden.

Parallelen zwischen den Romanen „Ulysses" und „Tauben im Gras" zeigen sich sowohl in der kurzen geschilderten Zeitspanne (ein Tag) als auch im kaum überschaubaren Anspielungsreichtum, vor allem aus dem Bereich der Mythologie. Ebenso existieren Übereinstimmungen in der Vielfalt der eingesetzten Erzählstrategien, wobei allerdings im Unterschied zu Joyce bei Koeppen der Erzähler als deutende und kommentierende Instanz gegenwärtig bleibt.

Der von John Dos Passos 1925 verfasste Roman „Manhattan Transfer" bildet einen weiteren wichtigen Vorläufer, der Koeppen inspiriert hat. Die Folie des Romans bildet die Metropole New York. Durch die Schilderung zumeist flüchtiger Begegnungen, durch simultane Momentaufnahmen und Gesprächsausschnitte entsteht, ähnlich wie in Koeppens Roman, ein vielschichtiges Panorama der Stadt. Hierzu kommt – auch das ist eine Parallele – die Montage von Zeitungsmeldungen und Zitaten, wodurch die Realität und die fiktionale Welt des Romans verschmelzen.

„Manhattan Transfer"

Auch in Döblins Großstadtroman „Berlin Alexanderplatz" (1929), der die Geschichte des haftentlassenen Transportarbeiters Franz Biberkopf erzählt, erfüllen die Einblendung von Fremdtexten wie Schlagzeilen, Reklamesprüchen und Schlagertexten sowie die Montage von Höreindrücken eine wichtige Funktion. Die Zitate spiegeln als „Realitätssplitter" die urbane Lebensform wider, indem sie die Vielstimmigkeit der Stadt zum Ausdruck bringen. Diesem bedrohlichen Stimmengewirr ist der Antiheld Biberkopf ausgeliefert, welcher die Stadt als feindlichen Ort erlebt, an dem er sich nicht zurechtfindet. Die Grunderfahrung der Desintegration teilt Biberkopf, wenn auch aus völlig anderen Gründen, mit den Figuren im Roman „Tauben im Gras".

„Berlin Alexanderplatz"

Koeppens „Nachholen" der Moderne erschöpft sich weder im Versuch der Imitation noch in poetischer Spielerei. Er nimmt verschiedene erzähltechnische Elemente der Vorgänger auf und nutzt sie, um die Widersprüche in der Realität der Bundesrepublik aufzuzeigen. Dabei dienen die unterschiedlichen Darstellungsformen (Erzählerbericht, erlebte Rede, innerer Monolog, Simultanstil, Montagetech-

Verknüpfung von „Zeitklima" und Erzählform

Koeppens Festhalten am deutenden Erzähler

niken) dazu, sowohl die existenzielle Tiefendimension der Figuren auszuleuchten als auch die diffuse Atmosphäre in der Nachkriegsgesellschaft verdichtet abzubilden. Im Unterschied zu seinen Vorbildern hält Koeppen jedoch an der deutenden Perspektive eines auktorialen Erzählers fest, der auch das Verhalten und die Gedanken der Figuren kommentiert. Er tritt besonders deutlich am Anfang und Ende des Romans in Erscheinung, bleibt aber auch in der Binnenhandlung präsent und verschwindet – einmal abgesehen von kurzen Sequenzen reiner Figurenrede – niemals völlig hinter den Figuren.

„Tauben im Gras" als Roman der Moderne

erzähltechnische Aspekte	inhaltliche/thematische Aspekte
• Einblendung von Fremdtexten (Montage) • simultane Momentaufnahmen und filmisches Erzählen • Variation der Darstellungsformen • unüberschaubarer Anspielungsreichtum • …	• Grunderfahrung der Orientierungslosigkeit • Großstadtpanorama • kurze Zeitspanne (ein Tag) • Vielfalt der Figuren und Schauplätze • zeitkritisch–politische Dimension • …

⇒ **Der Roman steht in der Tradition der lit. Moderne („verspätetes Nachholen")**

verspätete Rezeption

Bei der zeitgenössischen Leserschaft hat der Roman wenig Anklang gefunden, was sowohl an der zeitkritisch-politischen Dimension als auch an der avantgardistischen Erzählform und Struktur des Romans gelegen haben dürfte. Auch von der germanistischen Forschung wird der Roman anfangs nicht beachtet. So erfolgt die Anknüpfung an die literarische Moderne zunächst weitgehend unbemerkt vom Lesepublikum. Eine breitere Rezeption, die vor allem durch Koeppens Förderer Marcel Reich-Ranicki angestoßen wird, setzt erst verspätet in den 60er-Jahren ein.

Koeppens Förderer: Reich-Ranicki

Aus heutiger Sicht kann man für die frühen 50er-Jahre durchaus von einer Sonderstellung Koeppens sprechen. In der deutschen Literatur der Zeit existiert keine Parallele.

Erzähltechnik und Sprache im Roman

Ausgehend von den Erfahrungen um die Jahrhundertwende verändert sich das literarische Erzählen stark. Angesichts des Identitätsverlustes, den Erfahrungen von Krieg und Entfremdung sowie der empfundenen Unzulänglichkeit von Sprache werden traditionelle Vorstellungen des Erzählens radikal infrage gestellt. Diese Veränderungen führen dazu, dass sich die Autoren von bislang verlässlichen Konzepten lösen, wie zum Beispiel dem allwissenden Erzähler, einer geradlinigen Handlungsführung oder der Identifikation mit den Figuren. Es erfolgt das Experimentieren mit Sprache, das Ergründen von neuen Darstellungsweisen sowie das Zusammenfügen verschiedener Blickwinkel und Wissensgebiete (Theologie, Psychologie, Mythologie etc.). Auf diese erzählerischen Fortschritte der literarischen Moderne greift Wolfgang Koeppen in der formalen und ästhetischen Gestaltung seines Romans zurück.

modernes Erzählen

Erzähler und Erzählformen

Grundlegend lässt sich sagen, dass der Erzähler im Roman „Tauben im Gras" die Darstellung dominiert, da er sich oft zu erkennen gibt und eine durchgängige Präsenz besitzt. Allerdings wird der Erzähler dadurch nicht zu einer verlässlichen Instanz für den Leser. Der fließende Übergang von der Erzähler- zur Figurensprache, der Wechsel der Perspektiven, das bewusste Auslassen von Verbindungen und Erklärungen, das Erzeugen von Irritation und der sprachliche

Omnipräsenz des Erzählers

Variantenreichtum führen dazu, dass der Leser keine Orientierung durch den Erzähler erhält. Dementsprechend sind sich Leser und Erzähler zugleich nah und fern.

Die besondere Konzeption des Erzählers lässt sich wie folgt belegen: Seine Souveränität zeigt sich in seiner Allwissenheit und seiner fundierten Kenntnis, denn er überschaut das zeitliche und räumliche Geschehen (vgl. z.B. S. 22, S. 47f., S. 123). Grundsätzlich ist der Erzähler in der Lage, in das Innere der Figuren zu blicken (Innensicht). Er weiß somit um ihre Gedanken, Wünsche, Sehnsüchte und Ängste: „Sie träumte von Negern. Im Traum wurde sie vergewaltigt" (S. 49), „Frau Behrend hatte für einen Augenblick die Empfindung, dass nicht ihre Tochter, sondern der Domturm erdrückend vor ihr stünde" (S. 114). Sehr häufig werden implizit Urteile oder Sichtweisen dargeboten, sodass die wertende Haltung des Erzählers ersichtlich ist. Die Stellungnahmen wechseln dabei zwischen neutral, deutlich bewertend, skeptisch oder sarkastisch. Auffallend sind in diesem Zusammenhang die beinahe ironisch-grotesk wirkenden Anmerkungen oder Darstellungen (vgl. S. 206). In diesem Zusammenhang lassen sich Passagen im Roman finden, in denen der Erzähler Ratschläge erteilt oder die Meinung der Figuren korrigiert. So widerspricht er Richard Kirsch, welcher die Meinung vertritt, sein Vater sei ein Feigling gewesen: „Richard irrte sich: sein Vater war kein Feigling, es war ihm nicht darum gegangen, sich den Strapazen, Leiden und Gefahren des Krieges zu entziehen [...], aber der wirkliche Grund, aus dem Wilhelm Kirsch sich dem Krieg versagte, war seine Erziehung in der Reichswehr [...], die Wilhelm Kirsch überzeugt hatt[e], dass alle Gewalt abscheulich und jeder Konflikt besser durch Aussprache, Verhandlung, Kompromissbereitschaft und Versöhnung als durch Pulver zu lösen sei." (S. 122f.)

Die vielfältigen Figurencharakterisierungen des Erzählers spiegeln seine unterschiedlichen Einschätzungen wider:

kommentierender und deutender Erzähler

Korrektur von Meinungen

„Die Gewaltige lag noch im Bett, Messalina, seine Frau, das Lustross, wie man sie in den Bars nannte" (S. 11); „ein[e] derb[e] Person vom Lande [Emmi], in deren breitem Gesicht die einfache Frömmigkeit der Bauern böse erstarrt war" (S. 13). Ansatzweise sensibilisiert der Erzähler aber auch für das Schicksal der Figuren, sodass sein Mitgefühl und seine Sympathie zum Ausdruck kommen: „Schnakenbach wollte nicht kämpfen. [...] Er hatte den Zweiten Weltkrieg still für sich gewonnen und verloren." (S. 123 f.)

Wertungen durch den Erzähler

Auffällig ist bereits im Erzählanfang die kritisch-warnende Distanz des Erzählers. Dieser übt vehement Kritik an der Gesellschaft und dem Umgang mit der eigenen faschistischen, militaristischen Vergangenheit: „Die Illustrierten lebten von den Erinnerungen der Flieger und Feldherren, den Beichten der strammen Mitläufer, den Memoiren der Tapferen, der Aufrechten, Unschuldigen, Überraschten, Übertölpelten." (S. 10) Durch den Erzählanfang erfolgt eine sehr eindringliche, bedrohlich wirkende Schilderung der Nachkriegsrealität, die durch das Wiederaufgreifen und Variieren im Schlussteil an Brisanz und Bedeutsamkeit gewinnt. Folglich wird die geäußerte Gesellschaftskritik durch die arrangierte Rahmenhandlung intensiviert und das warnende Urteil des Erzählers gewinnt an Nachdruck.

Warnung durch den Erzähler

Im Gegenzug stößt der Leser – wie bereits erwähnt – auf fortwährende Wechsel zwischen Figurenperspektive und Erzählerbericht. Die Übergänge sind nicht immer klar voneinander zu trennen und erfolgen oft abrupt: „Was fehlte Carla denn? Warum war sie hier gewesen, wenn alles in Ordnung war? ‚Eine kleine Störung', sagte Frahm. [...] Das war er also, der schwarze Vater. Ein schöner Mann, wenn man sich an die Haut gewöhnte. ‚Wir erwarten ein Kind', sagte Washington. ‚Ein Kind?', fragte Frahm. Er blickte Washington erstaunt an." (S. 117) Innerhalb kürzester Zeit erfolgt in einem gleitenden Übergang der Perspektivwechsel von Washington zu Dr. Frahm. In vergleichbarer Weise

Wechsel zwischen Figurenperspektive und Erzählerbericht

erfolgen im Roman die plötzliche Einführung von Figuren oder der unvermittelte Einstieg in eine Szenerie durch den Erzähler (vgl. S. 28, S. 37, S. 44 etc.).

Fokussierung der inneren Vorgänge

Grundlegend fällt auf, dass der Fokus des Erzählers auf die innere Befindlichkeit der Figuren gerichtet ist. Die Wiedergabe der Gedanken und Gefühle vermittelt dem Leser unmittelbar die subjektive Sichtweise der Figuren. Durch die Konzentration auf die innerpsychischen Prozesse wird dem Leser die Isolation der Figuren deutlich vor Augen geführt (vgl. S. 33f., S. 150f.). Dieses unterstützt die Intention des Romans, die Orientierungs- und Beziehungslosigkeit des Individuums in einer modernen Großstadt zu veranschaulichen. Bei der Darstellung dieser Vorgänge bedient sich der Erzähler verschiedener Darbietungsformen, wie zum Beispiel dem inneren Monolog oder der erlebten Rede. Die erlebte Rede unterscheidet sich vom inneren Monolog durch die Wiedergabe der Gedanken in der dritten Person des Präteritums. Häufig wird die erlebte Rede durch Fragen eingeleitet oder strukturiert (vgl. S. 34ff., S. 43). Der innere Monolog hingegen ist eher auf Stichworte reduziert und die Syntax ist unvollständig: „das Wesen der Mutation, das Verhalten der Atome im Organismus, der Organismus kein physikalisches Laboratorium, ein Strom von Ordnung, du entgehst dem Zerfall im anatomischen Chaos, die Seele, ja, die Seele, Deus factus sum [...]" (S. 35).

erlebte Rede und innerer Monolog

Die assoziative Verknüpfung führt zu einer Unmittelbarkeit der Schilderung, sodass der Erzähler seine Distanz aufgibt und die Figuren selbst zu Wort kommen (vgl. S. 30f.). Jedoch besteht nie die Gefahr, dass sich der Leser vollkommen in diesen subjektiven Schilderungen verliert, da sich der Erzähler durch Anmerkungen und Kommentare immer wieder ins Bewusstsein ruft.

Es handelt sich bei der Instanz des Erzählers im Roman „Tauben im Gras" demnach um einen Arrangeur, der nie den Überblick über die Handlung verliert, gewisse Informa-

Der Erzähler im Roman „Tauben im Gras"

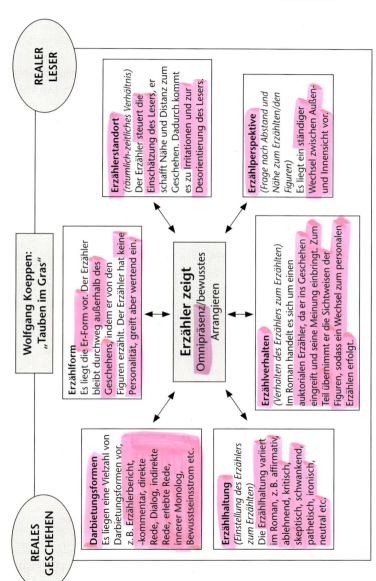

tionen aber gezielt zurückhält. Durch das erzählerische Konstrukt wird der Leser im Ungewissen gelassen. Diese Orientierungslosigkeit stellt nicht nur die Möglichkeit eines sprachlichen Experiments dar, sondern spiegelt auch die zeitgenössische Wahrnehmung der Welt wider. Sie entspricht damit der Intention des Romans.

Sprache und Motive im Roman „Tauben im Gras"

Koeppens Weltsicht und die Sprache im Roman

Um einen Eindruck von der Komplexität der Welt sowie den Erfahrungen von Beziehungs- und Kommunikationslosigkeit zu vermitteln, verarbeitet Wolfgang Koeppen in seinem Roman diese Themen und bedient sich dabei formaler und sprachlicher Verfahren, die dieses verdeutlichen. Literarische Vorbilder der internationalen Moderne („Manhattan Transfer" von Dos Passos, „Ulysses" von Joyce etc.) prägen sein Schreiben. Die Verwendung der Montage als Aufbauprinzip, das multiperspektive Erzählen, der Simultanstil sowie die Einfügung der Zitate belegen dies.

Der Montagestil, das Verbinden und Zusammenfügen verschiedenster Elemente, zeigt sich im Roman in besonderer

Montagestil

Weise. „Tauben im Gras" ist kein chronologisch auf ein Ende hin geschriebener Roman, denn die einzelnen Erzählabschnitte werden kunstvoll aneinandergereiht und die verschiedenen Handlungsstränge werden gezielt unterbrochen und etwas später wieder aufgegriffen. Dass die Handlung angesichts dieser erzählerischen Vielfalt nicht zerfällt, erreicht Koeppen durch inhaltliche und sprachliche Verknüpfungen.

Sehr häufig besteht die sprachliche Verzahnung der Erzählabschnitte aus Wortwiederholungen, da zum Beispiel ein unterbrochener Erzählstrang später mit denselben Worten wieder aufgenommen wird: „Night-and-day. Odysseus

Cotton lachte" (S. 28), „Night-and-day. Odysseus sah herab" (S. 32). Oft werden die aufeinander folgenden entgegengesetzten Erzählabschnitte durch Wortwiederholungen regelrecht ineinander verhakt. Dabei werden die Worte häufig in einen völlig anderen Kontext gestellt: „Wann kam das Goldene Zeitalter, die hohe Zeit – Er war ein Hochzeiter." (S. 84) Bezieht sich das Ende des ersten Abschnitts noch auf die Gedanken von Josef, wird mit dem neuen Abschnitt bereits zu Washington Price übergeleitet. Worte werden somit zu Brücken zwischen den Abschnitten.

Verknüpfung der Erzählabschnitte

Oftmals scheint auf den ersten Blick ein Abschnitt den vorausgegangenen fortzusetzen, der Leser stellt jedoch fest, dass der Kontext ein völlig neuer ist: „Ich liebe dich doch, Philipp. Bleib bei mir. – Er liebte sie nicht. Warum sollte er sie lieben?" (S. 37) Beziehen sich die Worte des endenden Abschnittes auf Emilias Situation und ihre Gefühle für Philipp, greift der neu einsetzende Erzählabschnitt die Gefühle Richard Kirschs, die sich auf seine deutsche Verwandtschaft beziehen, auf. Das gleiche Verb wird hier in einem völlig neuen Kontext verwendet.

Es erfolgt damit ein Darstellungsverfahren, welches gerade im Film genutzt wird: die Überblendungstechnik. Durch diese Art der Montage kommen übergeordnete Zusammenhänge zum Vorschein, die dem Einzelnen nicht bewusst sind. Der Autor enthüllt durch diese sprachlichen Variationen des Erzählens, dass es eine Simultaneität im Denken gibt. Das heißt, die Gleichzeitigkeit gedanklicher Überlegungen und innerer Prozesse ist fortwährend gegeben. Diese Vorstellung wird durch das bewusste Arrangieren der Erzählabschnitte unterstützt, da der Leser zeitlich und räumlich auseinanderliegende Ereignisse erfassen und zueinander in Bezug setzen kann.

Überblendungs- und Simultantechnik

Diese Gleichzeitigkeit und Parallelität des Erlebens spiegelt sich auch in den Motiven des Romans wider, die auf der erzählerischen Ebene zu einer inhaltlichen Verzahnung führen.

Motive

Darunter sind sowohl thematische als auch situationsgebundene literarische Elemente zu verstehen, die in ihrer Grundform immer wieder aufgenommen werden. So werden innerhalb der Handlung zum Beispiel Gegenstände zu Motiven, wie eine Tasse mit dem Bild des preußischen Königs, die Emilia verkauft und die Christopher als Geschenk für Henriette erwirbt (vgl. S. 178), oder eine Halskette, die Emilia Kay schenkt, die den Schmuck wiederum an Philipp weitergibt (vgl. S. 157, S. 213, S. 226 f.). Komplexer sind jedoch die Motive Tod, Geld oder Freiheit, welche sich in unterschiedlichen Variationen durch den gesamten Roman ziehen.

Tod als sprachliches Motiv

In zahlreichen Modifikationen ist zum Beispiel das Motiv des Todes im Roman verwoben. Das Sterben, die Vergänglichkeit und die Begrenztheit des Daseins sind permanent spürbar. Es gibt keine Figur, die nicht direkt oder indirekt mit dem Tod konfrontiert wird. Sei es durch den Verlust eines Angehörigen, die direkte Teilnahme am Krieg oder die nicht verblassenden Erinnerungen. So wird zum Beispiel ein Haus zum „Grab" (S. 219), Betttücher werden zu „Totentücher[n]" (S. 110), ein Krankenhausbett wird zu einem „Totenbett" (S. 186), Wörter werden zu „tote[n] Wörter[n]" (S. 221), das Erbe besteht nur noch aus „tote[n] Bücher[n], tote[m] Geist, tote[r] Kunst" (S. 219). In besonderer Weise fällt das Motiv des Todes im Zusammenhang mit der Figur des Schriftstellers Edwin auf. Permanent quälen ihn Todes- und Verfallsgedanken: „Vielleicht würde er in dieser Stadt sterben." (S. 45) Angesichts seines gewaltsamen Todes am Ende des Romans haben seine Gedanken und das Motiv damit vorausdeutende Funktion.

Vorausdeutung auf Edwins Tod

Neben dem Aspekt der inhaltlichen Verzahnung sollten auch die Hoffnungs- und Perspektivlosigkeit herausgestellt werden, welche an die Motivketten geknüpft sind. Zwar tauchen neben den negativen Motiven vereinzelt auch positive auf, doch bleibt der Glaube an das dauerhafte Glück eine Illusion. Demzufolge unterstützen gerade die negativ

Hoffnungs- und Perspektivlosigkeit

gefärbte Darstellung und Wortwahl das pessimistische Menschen- und Weltbild des Romans.

Der Montagestil zeigt sich im Roman auch anhand der zahlreichen Zitate aus unterschiedlichen Kontexten (Schlagzeilen, Radiomeldungen, Titel von Filmen und Liedern etc.), die Koeppens erzählerische Technik der assoziativen Verknüpfung veranschaulichen. Die Zitate erscheinen wie in den Text eingewoben und unterbrechen – zum Teil auch optisch – den Lesefluss. Die eingesetzte Technik der Montage ist mannigfach: Assoziative Verbindungen durch den Erzähler oder die Figuren in Form von Wortwiederholungen oder inhaltliche Verknüpfungen stehen dabei neben bewusst kontrastiven Setzungen. Die einmontierten Schlagzeilen, Radiomeldungen, Werbeslogans etc. vermitteln dem Leser zum einen ein Zeitbild, welches sich auf die unmittelbare zeitgenössische Gegenwart bezieht. Zum anderen finden sich darüber hinaus auch Textelemente, welche die jüngste Vergangenheit zitieren. Dadurch wird eine Verknüpfung zwischen der Geschichte des Nationalsozialismus und der Gegenwart hergestellt: „SUPERBOMBER IN EUROPA STATIONIERT" (S. 26), „WIE EMMY HERMANN GÖRING KENNENLERNTE" (S. 57), „RASSENSCHANDE, ARISCHER NACHWEIS" (S. 143) etc. Häufig haben die Zitate auch den Stellenwert eines (ironischen) Erzählerkommentars, welcher den Leser zu einer kritischen Reflexion anhalten soll. So stellt zum Beispiel die Zeitungsmeldung „ZEHN MILLIONEN TONNEN KOHLE FEHLEN" (S. 42) einen ironischen Erzählerkommentar zu dem zuvor geschilderten Panorama der Schaufensterauslagen dar.

Zitatmontage

authentisches Zeitbild

Erzählerkommentar

Die Intertextualität

Neben den sprachlichen Verknüpfungen lassen sich im Roman auch zahlreiche Anspielungen auf literarische, philosophische, religiöse oder mythologische Texte finden. Das

Verfahren der Intertextualität

erzählerische Verfahren, dem eigenen Text Andeutungen auf zuvor entstandene Texte, sogenannte Prätexte, einzufügen, ist ein Merkmal moderner Literatur und prägend für Koeppens Montagestil. Es werden somit Bezüge zwischen Einzeltexten hergestellt, die bei entsprechender Entschlüsselung durch den Leser neue Deutungsperspektiven eröffnen können.

literarische Bezüge

Immer wieder tauchen in den inneren Monologen der Figuren somit Bezüge zu Dichtern oder ihren Werken auf. „Benn Gottfried Frühe Gedichte, La Morgue ist – dunkelesüße – Onanie" (S. 34), „verstand er Kafka?" (S. 46).

mythologische Bezüge

Des Weiteren lassen sich im Roman folgende mythologische Anspielungen finden: „der Morgenstern, Phospheros, Luzifer, der Lichtbringer der antiken Welt" (S. 39), „sie hatte das Grauen erlebt, das abgeschlagene Haupt der Medusa gesehen" (S. 108), „Die Flieger waren natürlich etwas Besseres als die gewöhnlichen Soldaten, der Ruhm des Ikarus erhöhte sie, aber die Tochter der Hausbesorgerin wusste nichts vom Ikarus." (S. 129 f.) Statt ausführlicher Beschreibungen stößt der Leser auf diese Anspielungen. Verschiedene Deutungsaspekte werden ihm eröffnet, das genaue Benennen oder Auslegen entfällt. Der Leser ist gefordert, die mythischen, beinahe stenografisch wirkenden Versatzstücke zu entschlüsseln, um sie angemessen deuten zu können. Da sich im Roman eine Fülle mythischer Elemente finden lässt, besteht allerdings die Gefahr, dass die zahlreichen Verweise ins Leere laufen und auf den Leser ermüdend wirken. Die Entschlüsselung und intertextuelle Deutung sind nicht mehr möglich. Die

Überstrukturierung des Textes

Ursache liegt in der Überstrukturierung des Textes und seiner Sinnentleerung, wodurch das gegenwärtige Fehlen eines sinn- und wertstiftenden Systems zum Ausdruck kommt.

Der Titel

Der Leser wird im Roman mit einer schonungslosen und pessimistischen Analyse der (Nachkriegs-)Zeit konfrontiert. Anonymität, Entfremdung, Isolation, Misstrauen und Fremdenfeindlichkeit kennzeichnen die dargestellte Lebenswelt. Angst und Unsicherheit prägen das Lebensgefühl der Figuren. Es entsteht der Eindruck, dass alle unter den Umständen der Zeit leiden und dieser bedingungslos ausgeliefert sind. Die Figuren erscheinen wie Gejagte, Verlorene, Suchende. Nur vereinzelt begegnen dem Leser im Roman Figuren, die positiv und lebensbejahend wirken. Doch auch sie sind nicht frei von Zweifeln und Existenzängsten. Es entsteht somit das Bild des Menschen, dessen Leben fremdbestimmt und determiniert ist, von Zufälligkeit und Sinnlosigkeit geprägt.

pessimistisches Menschenbild

Des Weiteren fehlt der Romanhandlung eine Systematisierung, da sie in Segmente zersplittert ist. Einzelne Handlungssequenzen verlaufen parallel, kreuzen sich wie zufällig, andere Erzählstränge verlaufen unabhängig voneinander. Die Erlebnisse der einzelnen Protagonisten werden nicht stringent erzählt, sondern erscheinen dem Leser zunächst assoziativ und ungeordnet. Neben Kriegsopfern, orientierungslosen Jugendlichen, misstrauischen Hausfrauen, Geschäftsmännern und erfolglosen Intellektuellen lassen sich verarmte Akademiker und vermeintliche Berühmtheiten finden. Die Anzahl der Figuren und die Fülle an Lebensentwürfen erscheinen dem Leser unübersichtlich, vergeblich bemüht er sich, Zusammenhänge zu erkennen und das erzählerische Konzept zu entdecken.

Zersplitterung der Handlung

Die pessimistische Auslegung des menschlichen Daseins und das damit verbundene Menschenbild verarbeitet Wolfgang Koeppen nicht nur erzählerisch und thematisch in seinem Roman, sondern greift es bereits im Romantitel auf.

So ist der Titel „Tauben im Gras" die Übersetzung des dem Roman voranstehenden Zitats der amerikanischen Schriftstellerin Gertrude Stein: „Pigeons on the grass alas". Dieses Zitat stammt aus dem 1929 veröffentlichten Gedicht „Four Saints in Three Acts". In der wörtlichen Übersetzung kann das Wort „alas" mit „weh uns/weh mir" oder „leider" übersetzt werden, wodurch der klagende Grundton des Romans deutlich wird. Das Zitat wird zum programmatischen Leitgedanken des Werkes, da es die existenzielle Problematik der Figuren aufgreift und dadurch zur Daseinsmetapher wird. Das Bild von den Menschen, deren Leben dem der Tauben ähnelt, vermittelt bildlich die Vorstellung von zufällig miteinander agierenden Geschöpfen, deren Leben plan- und orientierungslos ist und von einem Mangel an sinnstiftenden Modellen gekennzeichnet ist.

Im Roman wird dieses Bild sowohl von Miss Burnett (vgl. S. 171f.) als auch von Edwin aufgegriffen (vgl. S. 214f.), jedoch jeweils völlig anders gedeutet. Miss Burnett verwendet die Metapher in einem historisch-politischen Kontext, da sie die zufällige Existenz der Vögel auf das Dasein der Menschen sowie die geschichtlichen Ereignisse überträgt und zu der Schlussfolgerung kommt, die Welt sei „ein grausamer und dummer Zufall Gottes" (S. 171). Edwin hingegen greift die Metapher in einem philosophisch-theologischen Zusammenhang auf und konstatiert, der Mensch sei wie der Vogel „in Gottes Hand" (S. 215) geborgen, er sei bei ihm aufgenommen.

Zwar erscheinen die Figuren des Romans generell plan- und orientierungslos, da sie Opfer ihrer Zeit sind und die individuelle Bewältigung des Alltags ihr Handeln bestimmt, jedoch lassen sich bei genauerem Betrachten auch Ansätze des Verbindenden erkennen und einzelne Taten nachweisen, die von Menschlichkeit und Optimismus zeugen. Das gemeinsame Suchen und der Versuch, sich in der Welt zurechtzufinden, führen somit einzelne Figuren zusammen

(z. B. Carla und Washington, Herrn Behrend und Vlasta). Diese Verhaltensweisen stehen somit im Gegensatz zu dem ansonsten ausnahmslos negativen Menschenbild.

Auch in Bezug auf den Romanaufbau ist ein ordnendes, verbindendes Prinzip beim genauen Betrachten durchaus erkennbar, da sich vereinzelte Strukturelemente finden lassen. Neben der Einheit der Zeit, eines festgelegten Schauplatzes, wiederkehrenden Handlungsorten oder Figuren, die sich zu Gruppen ordnen lassen, stößt der Leser auch auf sprachlicher Ebene auf wiederkehrende Elemente (z. B. Motive, Symbole, Mythen etc.). Ein Beispiel für diese Verknüpfungs- oder Verbindungselemente ist das Motiv des Todes, welches in zahlreichen Variationen den Roman durchzieht: „Vielleicht würde er in dieser Stadt sterben" (S. 45), „Es war der Moment, die Stunde am Abend, da die Radfahrer durch die Straßen sausen und den Tod verachten" (S. 168), „Die Kinder lagen tot oder verwundet auf den Stufen des Denkmals" (S. 73), „Schlachtplätze, Mordplätze" (S. 82), „Ein Bild zeigte Carlas verschollenen Ehemann, der jetzt seiner Todeserklärung, seinem amtlichen Tod entgegenging" (S. 86), „‚Es ist der Tod', dachte Carla" (S. 142), „Der Todesengel hätte längst die Hand auf Josef gelegt" (S. 184). In analoger Weise fungieren auch einzelne Gegenstände als wiederkehrende Elemente, wie zum Beispiel eine Tasse, die Emilia an Frau de Voss verkaufen will (vgl. S. 149), für die Edwin sich interessiert (vgl. S. 149), die aber letztendlich Christopher Gallagher als Erinnerungsstück kauft (vgl. S. 178).

<small>erzählerische Strukturelemente</small>

Es lassen sich im Roman somit neben den inhaltlichen Elementen auch auf sprachlicher Ebene Beispiele aufzeigen, die gegen das disparate Bild der Wirklichkeit sprechen. Durch diese Verbindungselemente sind Ansätze für einen kontinuierlichen Lese- und Interpretationsprozess freigegeben.

<small>einheitsstiftende Elemente</small>

Der Schauplatz

Die Verortung der Romanhandlung in die Stadt München ist allgemein unumstritten, für die Deutung aber eher sekundär, da die Exemplarität im Vordergrund steht. Ebenso wie die Figuren und Ereignisse dienen auch die Schauplätze der Konzeption eines realitätsnahen Bildes einer deutschen Großstadt der Nachkriegszeit. So entsteht durch die wiedererkennbaren Plätze und Straßen, Kirchen und Gaststätten, Kinos und Kneipen nach und nach das Bild einer typischen, zertrümmerten Nachkriegsstadt.

Großstadt der Nachkriegszeit

Bei genauerem Betrachten der Schauplätze im Roman fällt neben den geografischen Details auf, dass sich die Handlung bis auf wenige Ausnahmen nicht in geschlossenen, privaten Räumen, sondern in öffentlichen Räumen abspielt. Nicht das familiäre, häusliche Ambiente steht im Mittelpunkt, sondern eine von lärmender Anonymität geprägte Großstadtkulisse. Öffentliche Schauplätze werden zu Orten der Begegnung, sodass das Zufällige und Kurzweilige der menschlichen Beziehung dominiert. Der Verlust des Menschen an Individualität und seine Entwicklung hin zur Anonymität und Entfremdung in der Stadt lassen sich demnach auch an der Ausgestaltung der Räume festmachen.

Dominanz der öffentlichen Räume

In besonderer Weise fällt dem Leser eine Kreuzung auf, welche zeitgleich von Odysseus, Josef, Emilia, Messalina, Mr. Edwin, Dr. Behude, Washington Price und den amerikanischen Lehrerinnen aufgesucht wird. Mit unterschiedlichen Verkehrsmitteln, aus unterschiedlichen Anlässen und mit ganz unterschiedlichen Zielen kreuzen sich die Wege dieser Figuren. Das Aufeinandertreffen an der Straßenkreuzung verweist auf die Zufälligkeit und Beliebigkeit des menschlichen Zusammenlebens. Menschen streifen durch die Stadt, sie begegnen sich immer wieder, ohne

Ausgestaltung von „Knotenpunkten"

einander wahrzunehmen oder gar zu kennen. Der Mensch lebt als isoliertes Wesen in einer von Betriebsamkeit und Hektik geprägten Stadt. Markant ist in diesem Zusammenhang die Konzeption des Schlusses, da die Erlebnisse der einzelnen Figuren beim Vortrag des amerikanischen Dichters Edwin, beim Besuch des Bräuhauses und beim Angriff auf den „Negerclub" im simultanen Erzählstil zusammengeführt werden. Amerikahaus oder „Negerclub" gleichen somit einem Knotenpunkt im Netz der Begegnungen, da sie das Zusammentreffen zahlreicher Figuren ermöglichen.

Isolation des Einzelnen

Durch die Kontrastmontage, dem bewussten Zusammenfügen unterschiedlicher Erzählpassagen, wird die Absurdität der Gesamtsituation hervorgehoben. Das heißt, durch das Aufeinandertreffen der gegensätzlichen Situationen, der Ereignisse zwischen Bräuhaus und „Negerclub" sowie dem Amerikahaus, erkennt der Leser die Grausamkeit der Ereignisse. Dem Leser wird bewusst, dass, während Edwin über die christlichen Werte des Abendlandes spricht, nur wenige Straßen weiter dumpfe Gewalt und Pogrombereitschaft herrschen. Durch die simultane Erzählweise und die Ausgestaltung der Knotenpunkte wird dem Leser somit symbolisch vor Augen geführt, dass Kultur und Barbarei nicht weit voneinander entfernt liegen.

Kontrastmontage

Knotenpunkte der Begegnungen

• Kreuzung • Stadion • Bräuhaus/„Negerclub" • Amerikahaus	öffentliche Räume verdeutlichen Anonymität und Entfremdung

Insgesamt wirken die Figurenwelt und die geschilderten Wege in der Stadt auf den Leser wie ein Labyrinth. Alle Wege erscheinen zufällig und besitzen kein ordnendes Sys-

Anonymität und Zufälligkeit

tem. Zum Teil entsteht der Eindruck, als würden die Figuren planlos umherirren und jede Begegnung erfolge zufällig. Wo die Wege der einzelnen Figuren enden oder hinführen, ist auch am Ende des Romans nicht beantwortbar, da Koeppen lediglich einen Ausschnitt, einen Tag, schildert. Somit ist auch der Leser auf dem Weg durch das Labyrinth, da er sich seinen Weg durch die Figurenwelt suchen und sich darin zurechtfinden muss. Um sich leichter

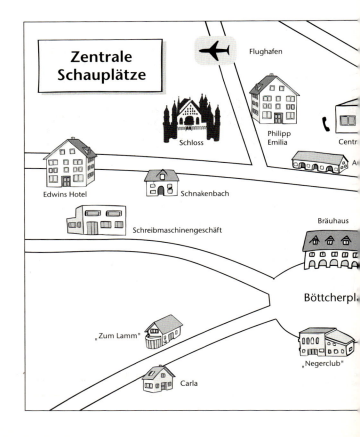

einen Überblick über die zentralen Schauplätze der Romanhandlung zu verschaffen, kann der nachfolgende fiktive Stadtplan verwendet werden. Es steht hier allerdings weniger die maßstabs- und wahrheitsgetreue Abbildung im Vordergrund, sondern vielmehr die vereinfachte, schematische Darstellung. Durch das Visualisieren von Wegen und das Erkennen von Knotenpunkten kann der Leser das Netz der Begegnungen exemplarisch für sich entknoten.

zentrale Schauplätze

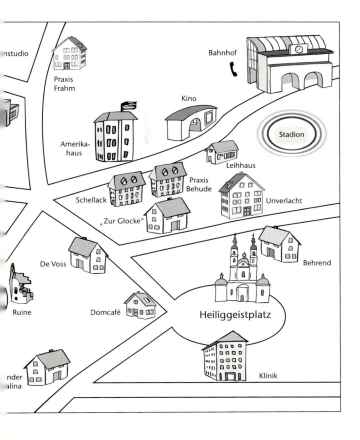

Der Roman „Tauben im Gras" in der Schule

Der Blick auf die Figuren: Die Personencharakterisierung

Eine literarische Figur charakterisieren – Tipps und Techniken

In einer literarischen Charakterisierung analysiert man neben den äußeren Merkmalen in besonderer Weise die inneren Wesenszüge einer literarischen Figur. Die Figurenanalyse fragt somit nach den Überzeugungen und Wertvorstellungen einer Figur, nach ihrem Verhalten, ihren Gewohnheiten usw. Ferner berücksichtigt man bei der literarischen Charakterisierung aber auch die gesellschaftliche und private Stellung der Figur, wobei zeittypische Besonderheiten eine bedeutsame Rolle spielen können. Auf diesem Weg gelangt man zu einer Gesamtinterpretation, wobei die Grundlage der Charakterisierung die Textvorlage ist. Bei epischen Texten ist es dabei wichtig, das spezifische Erzählverhalten (auktorial, personal, neutral) und die Erzählhaltung (Einstellung des Erzählers zum Erzählten) zu berücksichtigen, da die Sichtweisen des Lesers bezüglich einer literarischen Figur stark vom Erzähler beeinflusst werden oder innerhalb des Werkes variieren können.

Durch direkte und indirekte Textbelege lassen sich die Aussagen über die zu charakterisierende Figur nachvollziehbar begründen. Folgende Leitfragen und Aspekte sollten bei einer literarischen Charakterisierung berücksichtigt werden, sie können demnach als „Checkliste" oder Gliederung einer Charakterisierung dienen:

1. Personalien und sozialer Status
- Was erfahren Sie über Name, Geschlecht, Alter, Familienstand, Bildungsstand, Beruf und Herkunft der Figur?
- Welche äußeren Merkmale oder Besonderheiten werden genannt?
- Wie sehen die Lebensverhältnisse und das soziale Umfeld aus?
- Welche Informationen erhalten Sie bezüglich vergangener Erlebnisse (Vorgeschichte)?

2. Wesentliche Charaktereigenschaften
- Welche typischen Verhaltensweisen oder Gewohnheiten besitzt die Figur?
- Welche Charaktereigenschaften oder Wesensmerkmale sind auffällig?
- Wovon ist das Leben der Figur geprägt?
- Wovon ist das Selbstverständnis der Figur geprägt (Selbstwahrnehmung)?
- Welches Menschen- und/oder Weltbild besitzt die Figur?
- Lassen sich Veränderungen erkennen (äußere Merkmale, charakterliche Entwicklung)?
- Wie ist die Einschätzung der anderen Figuren (Fremdwahrnehmung)?
- Welcher Art sind die Beziehungen, die die Figur pflegt?

3. Sprachgebrauch und Sprachverhalten
- Wie lässt sich der Sprachgebrauch der Figur beschreiben (Sprachebene, Sprachstil, Wortschatz, Satzbau etc.)?
- Wie stellt sich das verbale und nonverbale Verhalten der Figur dar?
- Verfolgt die Figur bestimmte Gesprächsstrategien?

4. Zusammenfassende Bewertung
- Welche Rolle kommt der Figur in der Romanhandlung zu?
- Welche Gesamtdeutung ergibt sich aus der Analyse?
- Wie schätzen Sie die Figur und ihre Einstellungen ein?

Zentrale Figuren des Romans

Die Komplexität des Romans liegt neben den verschiedenen Handlungssträngen und der fehlenden Kapitelzählung in der Figurenvielzahl begründet. Um das für den Leser zunächst unübersichtlich erscheinende Figurenrepertoire zu ordnen, folgen in diesem Kapitel acht Kurzcharakterisierungen von zentralen Romanfiguren. Im Anschluss werden die übrigen Figuren in alphabetischer Reihenfolge zusammengestellt, wobei Deutungsaspekte stichpunktartig genannt werden. Zum Teil treten Figuren nur ein einziges Mal auf, sodass eine tiefergehende Analyse nicht lohnend ist.

Philipp

Personalien und sozialer Status

Philipp, ein erfolgloser Schriftsteller, ist in einem kleinen Dorf in Masuren aufgewachsen und hat dort eine glückliche Kindheit verbracht (vgl. S. 20 f.). Er ist mit Emilia verheiratet, wobei sich ihre Ehe in einer ernsthaften Krise befindet (vgl. S. 151 f.). Philipp arbeitet aus finanziellen Gründen für eine Zeitung, das Neue Blatt, ist jedoch unfähig, die anstehenden Interviews zu führen (vgl. S. 104). Auch der Versuch, als Vertreter für einen Patentkleber zu arbeiten (vgl. S. 56), scheitert kläglich.

Philipp kommt mit der gegenwärtigen Zeit und den gesellschaftlichen Umständen nicht zurecht, da sie ihm sinnlos und chaotisch erscheinen (vgl. S. 20). Er sieht sich selbst als nutzlos und stellt sein Leben und Handeln radikal infrage: „Er war überflüssig. Er war feige." (S. 57) Die damit verbundene Handlungsunfähigkeit liegt in seiner Schreib- und Sprachkrise begründet, da er dem Gefühl erlegen ist, seine Rolle als Beobachter der Zeit nicht erfüllen zu können (vgl. S. 21). Somit ist Philipps Einschätzung seiner eigenen Lebenssituation auf der einen Seite zwar von Realismus geprägt, auf der anderen Seite offenbart sie aber auch sein zutiefst pessimistisches Weltbild: „Es gibt nichts zu hoffen. Es gibt überhaupt keine Hoffnungen mehr." (S. 105)

Philipps Schreib- und Sprachkrise

Diese Haltung zeigt sich in analoger Weise auch in seinen Beziehungen zu anderen Menschen, insbesondere in seiner Ehe. Philipp schätzt seine Ehe mit Emilia und die existierenden Probleme zu seiner Frau sehr realistisch und nüchtern ein (vgl. S. 173f.). Er gesteht sich eine Mitschuld an der derzeitigen Ehekrise ein und erkennt sowohl Emilias Verzweiflung als auch ihre Alkoholsucht (vgl. S. 151 f.). Jedoch ist Philipp unfähig, das Gespräch mit seiner Frau zu suchen und über die existenziellen Probleme ihrer Ehe zu sprechen (vgl. S. 220f., S. 225f.). Er flieht vor einer offenen Auseinandersetzung und dadurch auch vor der Wahrheit. Zudem geht er auch allen anderen Menschen in seinem direkten Umfeld aus dem Weg (vgl. S. 104f.). Durch sein Verhalten, seine Unfähigkeit zu kommunizieren, und seine existenziellen Zweifel wird er zum gesellschaftlichen Außenseiter (vgl. S. 111f.).

Philipps Kommunikationsunfähigkeit

Philipp neigt zu einer fortwährenden Reflexion über das Dasein sowie über sein eigenes Handeln und Versagen. Er leidet an der gegenwärtigen Zeit und stellt das Leben radikal infrage. Die Konsequenz ist die geistige Isolation, das Scheitern an alltäglichen Begegnungen und Gesprächen und ein selbst gewähltes Außenseitertum. Tragischerweise findet Philipp kein sinnstiftendes Angebot in der gegenwärtigen Welt mehr, sodass er verloren und verlassen wirkt.

Bewertung der Figur

Emilia

Emilia ist eine junge Frau mit einer schmächtigen, knabenhaften Figur (vgl. S. 36, S. 95), wobei sie auf Männer in ihrem Umfeld sehr anziehend wirkt (vgl. S. 46, S. 54, S. 95). Aufgrund ihrer finanziellen Nöte ist sie gezwungen, ihre ursprünglich vornehmen Kleidungsstücke aufzutragen, die mittlerweile jedoch zerschlissen sind (vgl. S. 42 f.). Aufgrund ihres äußeren Erscheinungsbildes und ihrer einst ansehnlichen Herkunft wird Emilia charakteristischerweise als „Lumpenprinzessin" (S. 54) bezeichnet. Gegenüber Tieren zeigt Emilia sich liebevoll und fürsorglich (vgl. S. 30 f.). Sie ist mit dem wesentlich älteren Philipp verheiratet, stellt diese Ehe aber ebenso wie ihr Mann infrage (vgl. S. 225 f.).

Personalien und sozialer Status

Emilia stammt aus einer ehemals wohlhabenden und sich in höheren gesellschaftlichen Kreisen bewegenden Kommerzialratsfamilie. Von klein auf ist Emilia an Wohlstand und Reichtum gewöhnt, ein Leben im Überfluss wird ihr prophezeit (vgl. S. 33 f.), sodass sie sehr unter dem Wertverlust ihres Familienerbes und den materiellen Nöten der Nachkriegszeit leidet (vgl. S. 36 f., S. 89 ff.).

Emilia leidet unter den materiellen Verlusten

Emilia sieht sich aufgrund dessen gezwungen, einzelne Erbstücke der Familie zu verkaufen, um ihren Lebensstandard halten zu können. Aus Verbitterung und Hass auf Philipps Erfolglosigkeit als Schriftsteller und seine mangelnde finanzielle Unterstützung scheut Emilia sich nicht, auch persönliche Gegenstände aus Philipps Besitz zu verkaufen, wie zum Beispiel einen Gebetsteppich, den ihr Mann sehr liebt (vgl. S. 95 f.). Emilia leidet unter dieser Situation, sie schämt sich gegenüber ihren Mitmenschen (vgl. 54 f.). Ihr Denken und Handeln kreisen maßgeblich um materielle Besitztümer sowie die Suche nach Schuldigen für die in ihren Augen unerträgliche Lebenssituation (vgl. S. 36 f.).

Egozentrik

In ihrer Verzweiflung und von Verlustängsten gequält verliert Emilia sich in ihrer Alkoholsucht (vgl. S. 225 f.). Ihre

Probleme werden jedoch durch ihre Sucht nur noch größer. Philipp distanziert sich immer mehr von ihr; die Ehe scheint gescheitert (vgl. S. 172f., S. 219f.). Er erträgt ihre suchtbedingte Persönlichkeitsveränderung nicht, da Emilia nüchtern liebenswert und gutherzig ist, im Rausch jedoch ausfallend und cholerisch wird (vgl. S. 172f.). Sie ist sich ihrer ausweglosen Situation durchaus bewusst, verliert sich aber in einer Spirale aus Hass, Verzweiflung, Einsamkeit und Verbitterung.

Emilias Alkoholsucht

Emilia wird als Figur dargestellt, die unter den veränderten gesellschaftlichen Bedingungen und vor allem unter den materiellen Verlusten enorm leidet. Sie klammert sich krampfhaft an die alte Zeit, die Erinnerungen an das frühere, sorglose Leben und die damit verbundene finanzielle Sicherheit. Emilia ist zur Außenseiterin geworden, da sie die arbeitende Bevölkerung hasst, die am Rande der Gesellschaft Lebenden verachtet und selbst die Intellektuellen der Zeit verabscheut (vgl. S. 36f., S. 90f., S. 219f.). Von Ängsten und Sorgen gequält ist sie unfähig, die Gegenwart zu meistern, und flüchtet in den Rausch. Von ihren Mitmenschen auf ihr Aussehen reduziert oder wegen ihrer Besitzverhältnisse verachtet, sucht Emilia vergeblich nach Halt und Orientierung, die sie aber gerade bei Philipp nicht findet. Und so steht Emilia verlassen und „von allen Seiten bedroht im Niemandsland" (S. 92).

Bewertung der Figur

Washington Price

Washington Price ist ein schwarzer amerikanischer Sergeant und berühmter Baseballspieler der Red-Stars (vgl. S. 47), geboren in Baton Rouge, einer Stadt in Louisiana (vgl. S. 61). Er hat sich als Soldat bei der US Army verpflichten lassen (ebd.). Washington ist aufgrund seines Sports durchtrainiert und gut gebaut, jedoch merkt er immer öfter seine nachlassende Kondition (vgl. S. 139).

Personalien und sozialer Status

Seine Freundin Carla erwartet von ihm ein Kind. Jedoch führen die Sorgen und Ängste seiner Freundin vor den rassistischen Reaktionen und Übergriffen der Mitmenschen zur Krise des Paares. Carla will das Kind abtreiben lassen (vgl. S. 64 f.). Washington hingegen hält an seiner Liebe fest, wünscht sich das gemeinsame Kind und plant, Carla zu heiraten und sie glücklich zu machen (vgl. S. 47). Mit aller Kraft und gegen alle Widerstände kämpft er um ihre Liebe und das ungeborene Kind: „Er wollte das Band, das nun zu reißen drohte, das Band zwischen Weiß und Schwarz, nicht lösen, er wollte es fester knüpfen durch ein Kind" (S. 166). Letztendlich schafft er es, Carla von seiner Liebe und einer gemeinsamen Zukunft zu überzeugen, sie treibt das Kind nicht ab (vgl. S. 202).

Washingtons bedingungslose Liebe zu Carla und dem Kind

Durch seine Stellung beim Militär kommt er leicht an Lebensmittel und Genussgüter. Zwar ist er generell großzügig und hilfsbereit, doch wird er aufgrund seines materiellen Großmutes regelrecht ausgenommen und von Außenstehenden auf seine Besitztümer reduziert (vgl. S. 49, S. 84). Auch Carla gegenüber spielen Geld und Geschenke eine große Rolle, kann Washington doch auf diese Weise sein schlechtes Gewissen beruhigen (vgl. S. 47, S. 85). Aufgrund seiner Liebe und Fürsorge ist Washington stets bemüht, ihr nur das Beste zu bieten: „Das Beste für Carla." (S. 66) Er scheut auch nicht davor zurück, seine alten Eltern anzurufen und sie um ihr erspartes Geld zu bitten (vgl. S. 61 f.). Selbst die offene Ablehnung und das Unverständnis der eigenen Eltern hindern ihn nicht daran, an seinen Gefühlen für Carla festzuhalten, sich seinen Eltern zu widersetzen und um das notwendige Geld zu bitten.

Washingtons Großzügigkeit

Washington Price bekommt die Widerstände und Vorurteile seines Umfeldes deutlich zu spüren (vgl. S. 66 f., S. 75 f., S. 84 f.) und ist sich der rassistischen Realität schmerzlich bewusst: „Die Erde war bestimmt kein Negerhimmel." (S. 88) Jedoch lässt sich gerade bei ihm eine bejahende Lebenseinstellung finden, da er die Hoffnung auf eine bessere Welt ohne Ausgrenzung, Intoleranz und Rassismus nicht aufgibt (vgl. S. 63). Dieser Glaube manifestiert sich in seinem Traum vom „Washington's Inn", einer kleinen Bar in Frankreich, in der alle Menschen willkommen sind (vgl. S. 139 f.).

Der Traum vom „Washington's Inn"

Im Vergleich zu den anderen Figuren des Romans stellt Washington Price eine Ausnahme dar. Der unbändige Wille, für seine Liebe und das Kind zu kämpfen, das Ziel, sich den rassistischen Anfeindungen zu widersetzen, und die Ausdauer, an seinem Traum festzuhalten, machen ihn zu einer positiven Figur und kennzeichnen seinen Lebensentwurf. Schrecklicherweise muss Washington aber durch die Ereignisse vor dem „Negerclub" die Erfahrung machen, dass die Wirklichkeit von Aggressivität und Fremdenhass geprägt ist. Sein Traum vom „Washington's Inn" scheint somit gegenwärtig nicht realisierbar und in weite Ferne gerückt (vgl. S. 218).

Bewertung der Figur

Carla Behrend

Die dreißigjährige Carla ist mit dem US Sergeant Washington Price liiert und erwartet von ihm ein Kind (vgl. S. 50). Ihr erster Mann, den sie mit 18 Jahren angesichts einer ungewollten Schwangerschaft heiratete, ist während des Zweiten Weltkrieges gestorben (vgl. S. 48). Um ihren Sohn Heinz und sich versorgen zu können, arbeitet sie in der US Transportkaserne, in der sie Washington Price kennengelernt hat (vgl. S. 48f.).

Personalien und sozialer Status

Carla lebt in einem billigen, heruntergekommenen Haus zur Miete, das den dort lebenden Prostituierten zugleich als Bordell dient (vgl. S. 86). Jedoch träumt sie von einem sicheren Leben in Luxus und Wohlstand (vgl. S. 49f.), einem „Paradies der automatischen Küchen und der Pillensicherheit" (S. 64), einer „Traumwelt der Magazinbilder" (S. 127).

Glücksvorstellung

Carlas Beziehung und ihre Schwangerschaft

Trotz ihrer anfänglichen Ängste und Vorurteile sowie der rassistischen Anfeindungen gegenüber Washington (vgl. S. 48f., S. 84f.) geht Carla eine Beziehung mit ihm ein, da er für sie Sicherheit, Wohlstand und die Erfüllung ihrer Bedürfnisse bedeutet (vgl. S. 48f., S. 113). Carla plant, ihn zu heiraten und ihm in die Staaten zu folgen, jedoch stellt sie aufgrund der ungewollten Schwangerschaft ihren Entschluss infrage und will das Kind abtreiben lassen (vgl. S. 50). Sie meint, mit der Beziehung einen Fehler begangen zu haben, und hat Angst, ihren Traum aufgeben zu müssen (vgl. S. 126f.). Carla fühlt sich der Situation nicht gewachsen, befürchtet Vorurteile und Diskriminierung und empfindet zugleich Schuldgefühle; sie ist verzweifelt und leidet (vgl. S. 118).

Glaube an die Liebe und eine gemeinsame Zukunft

Washington kann sie jedoch von seiner Liebe und einer gemeinsamen Zukunft überzeugen: „Jetzt hatte ihr Herz sich beruhigt." (S. 177) Carla sagt sich von ihren Träumen los und lässt die Illusion von einem Leben in Sicherheit und Reichtum hinter sich. Schlussendlich entscheidet sie sich für Washington, das Kind und die gemeinsame Zukunft (vgl. S. 177f.).

Mutter-Tochter-Verhältnis

Das Verhältnis zu ihrer Mutter ist aufgrund ihrer Beziehung zu Washington Price äußerst schlecht. Unverständnis, Missbilligung und Verachtung prägen Frau Behrends Haltung gegenüber ihrer Tochter, „dem Negerkind" (S. 116) und Washington Price. Mutter und Tochter haben einander nichts mehr zu sagen, sie sind sich fremd (vgl. S. 116). Carla erkennt die rassistische Gesinnung ihrer Mutter und distanziert sich immer mehr von ihr.

Bewertung der Figur

In besonderer Weise zeigt sich in der Auseinandersetzung mit dieser Figur, inwiefern Vorurteile, Rassismus und Intoleranz das eigene Denken und Handeln beeinflussen und manipulieren können. Eigene Ängste werden geschürt, Hoffnungen zerstört und Gefühle infrage gestellt. So durchläuft Carla einen ambivalenten Prozess, der quälend und beschwerlich ist und der zugleich Zivilcourage und Mut fordert. Carla entscheidet sich für die Liebe und für Washington. Ihre Überzeugung gibt ihr für den Moment Halt, doch ihre Zweifel verschwinden nicht völlig (vgl. S. 202). Die Ereignisse vor dem „Negerclub" zeigen eine vom Rassismus bedrohte Welt, in der Carla und Washington leben, und veranschaulichen die Hindernisse, mit denen das Paar zu kämpfen hat und die ihre Liebe auf die Probe stellen.

Heinz Behrend

Der elfjährige Sohn von Carla Behrend hat lange blonde Haare, sieht verwildert aus (vgl. S. 79) und gehört einer Kinderbande an (vgl. ebd). Heinz hat seinen Vater im Krieg verloren und keinerlei Erinnerungen mehr an ihn (vgl. S. 76). Zu seiner Großmutter hat er keinen Bezug und sein Verhältnis zu Washington Price ist ambivalent (vgl. S. 76f.).

Personalien und sozialer Status

Ausgelöst durch die fehlende Vaterfigur, die rassistischen Reaktionen der Mitmenschen auf die Beziehung seiner Mutter und seine eigenen Ängste denkt Heinz viel über Washington nach. Seine Haltung ihm gegenüber schwankt zwischen Bewunderung und Verachtung, sodass der Junge sich in einem ständigen inneren Konflikt befindet (vgl. S. 77f.). Auf der einen Seite sehnt er sich danach, wie alle anderen Kinder einen Vater und eine intakte Familie zu haben (vgl. S. 76). Heinz prahlt deshalb mit Washingtons Erfolg als Baseballspieler, seiner Kraft, seinem Reichtum (vgl. S. 75f.). Es ärgert ihn, als Washington wegen seiner mangelnden Leistung beim Spiel ausgepfiffen wird (vgl. S. 129). Er prügelt sich für ihn (vgl. S. 138). Auf der anderen Seite kann Heinz sich mit der Tatsache, dass Washington schwarz ist, nicht abfinden, geschweige denn, sich den Anfeindungen widersetzen (vgl. S. 77). Somit ahmt er die rassistischen Äußerungen der Erwachsenen nach und bezeichnet Washington in der Öffentlichkeit abwertend als „Nigger" (S. 75).

Ambivalenz gegenüber Washington

Ängste und Sorgen	Angesichts der neuen Liebe seiner Mutter zeigt sich Heinz' unterschwellige Angst, ausgeschlossen zu werden. Infolgedessen lernt er Englisch, um die Gespräche der Erwachsenen verstehen zu können (vgl. S. 76), und beobachtet das Paar heimlich (vgl. S. 81). Heinz sorgt sich zudem um seine eigene Zukunft, ist dabei mit seinen Fragen und Ängsten aber völlig auf sich allein gestellt. Ihm fehlt eine Bezugsperson, der er sich anvertrauen kann (vgl. S. 196).
Verhalten gegenüber anderen	Eine generelle Unfähigkeit, Menschen und insbesondere Gleichaltrigen offen und unvoreingenommen zu begegnen, zeigt sich in den Gesprächen mit dem gleichaltrigen Jungen Ezra (vgl. S. 80f.). Die Begegnung ist von Beginn an von gegenseitigem Misstrauen und Skepsis geprägt. Die Unfähigkeit der Kinder, einander ehrlich und altersgemäß zu begegnen, zeigt sich auch in ihrer Sprache: „Wollen Sie den Hund kaufen?" (S. 79)
Bewertung der Figur	Heinz steht exemplarisch für eine Generation von Kindern, die in einer Zeit voller Angst und Verluste aufgewachsen sind. Der Krieg und die Nachkriegszeit sind Realität für diese Kinder und bestimmen ihre Lebenswelt. So ist Heinz' Alltag von Entbehrungen geprägt: Die existenziellen Nöte der Mutter führen zu mangelnder Zuwendung, das Fehlen des Vaters fördert die Suche nach Halt und Orientierung, die neue Beziehung der Mutter schürt Verlustängste. Diese Umstände fördern Misstrauen und Ängste in Heinz, die eine sorgenfreie und vor allem behütete Kindheit unmöglich werden lassen. So zeigt sich das Bild eines verletzten, orientierungslosen und vor allem nach Halt und Zuwendung suchenden Kindes, das selbst im Umgang mit Gleichaltrigen gehemmt und gestört wirkt.

Frau Behrend

Personalien und sozialer Status	Frau Behrend wohnt allein in einer kleinen Mansardenwohnung (vgl. S. 142) und flüchtet aus der Wirklichkeit in eine heile Welt der Groschenromane und Liebesfilme (vgl.

S. 116). Ihr Mann, der vor dem Krieg Obermusikmeister beim Regiment gewesen ist (vgl. S. 17), lebt mittlerweile glücklich mit der Tschechin Vlasta zusammen, die ihn als deutschen Wehrmachtssoldaten versteckt und ihm damit das Leben gerettet hat (vgl. S. 194). Folglich betrauert Frau Behrend den Verlust ihres ehemaligen Status als geachtete „Frau Obermusikmeister" (S. 17) und verurteilt das Verhalten ihres Mannes (vgl. S. 120). Ihre persönlichen Verluste führen zu einer nachträglichen Klage über den Krieg (vgl. S. 17f.), die sich jedoch in keiner Weise auf die Opfer bezieht.

Eine von Neid, Hass, Missgunst und vor allem Antisemitismus geprägte Haltung bestimmt ihr Denken und Handeln (vgl. S. 143f.). Sie ist weder zu Mitgefühl noch zu ehrlicher Anteilnahme bereit, so denkt sie zum Beispiel während des Einkaufs beim Juden zwar an die Opfer der Shoa, unterstellt dem Juden jedoch gleichzeitig unredliche Geschäftspraktiken (vgl. S. 18f.). Generell scheut Frau Behrend es nicht, diese Gedanken auch im Kreis von Gleichgesinnten öffentlich zu äußern (vgl. S. 205f.). Letztendlich führt ihre missverständliche Äußerung, „Da ist er!" (S. 217), beim Übergriff auf den „Negerclub" dazu, dass die angeheizte Pogromstimmung weiter ansteigt und die Situation eskaliert (vgl. S. 217f.). Auch in ihrer Wortwahl spiegelt sich Frau Behrends rassistische Gesinnung wider, da sie zum Beispiel die „Neger" (S. 205) mit Tieren vergleicht: „Sie sind wie die wilden Tiere." (ebd.) nazistische Gesinnung

Das Festhalten an der nazistischen Ideologie und den rassistischen Vorurteilen offenbart sich in besonderer Weise im Umgang mit ihrer eigenen Tochter. Frau Behrend schämt sich für Carla, verurteilt die Schwangerschaft und verachtet Washington Price (vgl. S. 116). Ihre einzigen Sorgen bestehen darin, dass der „Ariernachweis" (S. 143) der Familie nicht mehr erbracht werden kann oder dass sie jemand in der Öffentlichkeit mit Carla sehen könnte (vgl. S. 113, Verhältnis zu ihrer Tochter

S. 143). Der Wunsch, Carla möge nach Amerika gehen und die Schande bliebe ihr selber erspart, entlarvt ihren wahren Charakter (vgl. S. 116). Mutter und Tochter distanzieren sich folglich immer mehr voneinander, Entfremdung und Kommunikationslosigkeit prägen letztendlich ihr Verhältnis (vgl. S. 126f.).

Bewertung der Figur

Frau Behrend ist eine Figur, die aus der Vergangenheit nichts gelernt hat und die weder zu mitleidsvoller Anteilnahme noch zu kritischer Selbstreflexion fähig ist. Sie vertritt konsequent die Ideologie des Nationalsozialismus und ist in der Welt der Vorurteile verhaftet. Ihr Verhalten gegenüber Carla zeigt dies anschaulich: So stellt Frau Behrend die Achtung und das Ansehen der Gleichgesinnten über das Wohlergehen und die Bedürfnisse ihrer eigenen Tochter. Sie erscheint in den Augen des Lesers als verbitterte, intolerante und infolgedessen auch als einsame Frau, welche für ihre rassistische Gesinnung den Verlust ihrer Tochter in Kauf nimmt.

Josef

Personalien und sozialer Status

Der beinahe siebzigjährige Dienstmann Josef hat eine Glatze (vgl. S. 28) und trägt bei der Arbeit eine rote Mütze, auf der sich eine Messingnummer befindet (vgl. S. 32). Er geht gebeugt, hat die Schultern eingezogen und sein Körper wirkt eingefallen (vgl. S. 28f., S. 32). Josef trägt eine „billige Krankenkassenbrille" (S. 40), hat aber trotz seines Alters immer noch einen wachen und pfiffigen Blick (vgl. S. 29, S. 40). Seine Kleidung ist abgenutzt, fleckig und ausgefranst (vgl. S. 32).

Josefs Vergangenheit

Josefs Leben ist von harter, beschwerlicher Arbeit und Entbehrungen geprägt (vgl. S. 28f.). Er hat im Ersten Weltkrieg an der Front gekämpft, seine Frau ist gestorben, seine Söhne sind im Zweiten Weltkrieg gefallen. Der Dienstmann Josef ist in der Stadt aufgewachsen, hat sie zeitlebens (mit Ausnahme des Krieges) nicht verlassen und verbindet unzählige Erinnerungen an seine Kindheit und Jugend mit ihr (vgl. S. 114, S. 155).

Josef trägt das Kofferradio für Odysseus Cotton und führt ihn durch die Stadt (vgl. S. 40). Dabei zeigt sich, dass Josef ein treuer, zuverlässiger und ehrlicher Mensch ist, da er Odysseus vor Betrügereien warnt (vgl. S. 60). Beispielsweise versucht Josef, Odysseus in einem Wirtshaus vom Spieltisch wegzuziehen, da er erkennt, dass es sich um Falschspieler handelt (vgl. S. 68). Seine Menschenkenntnis hilft Josef bei seiner Arbeit, wobei er zugleich listig, demütig und vorsichtig ist (vgl. S. 29, S. 184).

Josefs Ehrlichkeit und Zuverlässigkeit

Josef denkt trotz seiner Sozialisation und seines obrigkeitsstaatlichen Denkens über den Krieg nach (vgl. S. 114f.). Er erkennt dessen Grausamkeit und Absurdität und vergleicht ihn mit einer immer wiederkehrenden Krankheit (vgl. S. 115). So fordert er in seiner naiven Weltanschauung ein polizeiliches Verbot des Krieges, welches ihn zugleich authentisch und wahrhaftig erscheinen lässt. In einem Traum setzt er sich mit der Frage auseinander, ob die Pflicht, in den Krieg zu ziehen, Sünde gewesen sei (vgl. S. 137). Es zeigt sich, dass ihn zeitlebens Schuldgefühle quälen und er das Töten verdammt: „Insgeheim hatte es ihn gequält. Er hatte nicht gern daran gedacht: er hatte getötet, er hatte Menschen getötet, er hatte Reisende getötet" (S. 137). Odysseus wird so zum Zentrum seiner Ängste, indem er in ihm „de[n] schwarzen Teufel" (ebd.) zu erkennen meint, der ihn holen wolle. Durch einen Steinwurf wird Josef schwer verletzt und stirbt im Krankenhaus mit den Worten: „Es war der Reisende." (S. 184) Dabei geht es weniger um eine Schuldzuweisung oder Anklage als um die Befreiung von der lebenslang ertragenen Schuld (vgl. S. 184). Sein eigener Tod erscheint ihm somit als Sühne für das Töten im Krieg.

Krieg und die Schuldfrage

Auch Josef ist eine Figur, deren Leben vom Krieg gezeichnet ist. Jedoch stellt er eine Ausnahme im Figurenensemble des Romans dar, da er über seine individuelle Verantwor-

Bewertung der Figur

tung und Schuld nachdenkt. Kennzeichnend sind dabei sein angstvoller Umgang mit der eigenen Schuld und seine zutiefst empfundene Religiosität. Zwar ist sein Denken und Urteilen in diesem Zusammenhang von Naivität geprägt, jedoch ist er zur Reflexion bereit. Seine eigene Lebensbilanz erscheint dem Leser sehr ehrlich und glaubwürdig.

Edwin

Personalien und sozialer Status

Der aus Amerika stammende, weithin bekannte und erfolgreiche Dichter ist wohlhabend und gehört einer angesehenen Elite der Intellektuellen und Reichen an (vgl. S. 43). Sein äußeres Erscheinungsbild und insbesondere seine Gesichtszüge sind von „Askese [und] Zucht" (S. 44) geprägt. Edwins Figur ist trotz seines Alters jugendlich schlank, sein graues, langes Haar gepflegt und er trägt teure Kleidung. Aufgrund eines tragischen Unglücks und wegen seiner homophilen Neigung stirbt Edwin letztendlich gewaltsam (vgl. S. 224f.).

Melancholie und Zweifel

Edwins Wesen ist von Melancholie und Wehmut geprägt; er fühlt sich allein gelassen, sein Alter macht ihm zu schaffen (vgl. S. 43), Todesgedanken quälen ihn fortwährend: „Vielleicht würde er in dieser Stadt sterben." (S. 45) Die lähmende Müdigkeit, welche ihn ständig begleitet, lässt sich sowohl auf seine physische als auch psychische Konstitution übertragen (vgl. S. 43, S. 108). Er besitzt die Neigung zur dauerhaften Reflexion über den Zustand der Welt sowie sein eigenes Dasein. Dabei ist sein Denken fortwährend von existenziellen Zweifeln geprägt (vgl. S. 43). Die Frage, was er den Menschen der Stadt „geben" könne, ob seine Botschaft ihnen Halt und Trost spende, beschäftigt ihn ebenso wie die Sorge um den Werteverlust und den geistigen Verfall der Stadt (vgl. S. 44, S. 108f.). Die zahlreichen Fragen in Form der Figurenrede verdeutlichen seine fragende Haltung (vgl. S. 110).

3. **Schluss**
- kurze Zusammenfassung der Ergebnisse sowie Überleitung zur persönlichen Stellungnahme (Erörterung)

II. Texterörterung/kritische Stellungnahme
- Einleitung in die zu erörternde Problemstellung

lineare Erörterung
Die Formulierung des eigenen Standpunktes (These) erfolgt. Anschließend werden die Argumente, durch Beispiele und Belege gestützt, dargelegt. Durch die Steigerung vom schwächsten zum stärksten Argument wird den eigenen Argumenten mehr Nachdruck verliehen.

antithetische Erörterung
Zunächst werden die Argumente der Gegenseite präsentiert – ausgehend vom stärksten bis zum schwächsten. Nach einer Wendung werden dann die anderen Argumente – in umgekehrter Reihenfolge – vorgestellt. Alternativ können auch die Argumente und Gegenargumente unmittelbar gegenübergestellt werden, wobei die Argumente durch Beispiele und Belege gestützt werden.

III. Schluss
Die Ergebnisse werden abschließend in Form einer zusammenfassenden Stellungnahme formuliert und mit einem Ausblick verbunden.

III. Schluss
Der Schluss bringt die Entscheidung für eine der beiden Seiten oder aber die Synthese beider Standpunkte. Zur Untermauerung sollten besonders überzeugende Argumente angeführt werden.

Beispiel einer Texterörterung

Aufgaben:

1. Analysieren Sie den vorliegenden Auszug aus dem Aufsatz von Jochen Vogt.

2. Nehmen Sie vor dem Hintergrund Ihrer Kenntnis des Romans Stellung zu der Position des Autors und diskutieren Sie die Frage nach der Aktualität des Romans.

Jochen Vogt: Modelle nonkonformistischen Erzählens – Wolfgang Koeppens Romane

Koeppen hatte schon 1934/35 zwei Romane publiziert, die kaum mehr Beachtung fanden; 1951, 1953 und 1954 erscheinen nun die drei „weit vorgeschobenen Werke", deren poetische Sprengkraft sein Generationsgenosse Alfred Andersch noch 1976 rühmt. *Tauben im Gras, Das Treibhaus* und *Der Tod in Rom* behandeln, ohne im strengen Sinne eine Trilogie zu bilden, einen Gegenstand: die „Teilung der Welt, die Desillusionierung der Demokratie, die Fortexistenz des Faschismus" – und zwar zu einer Zeit, da andere Autoren sich noch schreibend um Distanz zum überwältigenden Kriegserleben mühen. Die Nachkriegsjahre, Wiederaufschwung und Wohlleben versprechend, durchschaut Koeppen bereits als neue Vorkriegszeit (Korea); den nachlebenden Faschismus begreift er – im Alltag wie in den Grundstrukturen der Politik – als Gefährdung einer Zukunft, die noch kaum begonnen hat. Dabei ist der Autor Koeppen seinen jüngeren Kollegen doppelt überlegen: Lebensgeschichtlich bringt er die „Kontinuität von Krisenerfahrungen" seit dem Ersten Weltkrieg in seine Gegenwartsanalyse ein; literarisch knüpft er an Motive und Verfahren der modernen Weltliteratur von Baudelaire bis Joyce an. Die enge Verwobenheit dieser beiden Tendenzen macht die kritische Streitfrage, ob hier ein politischer oder ein introspektiver Autor die Feder führe, müßig: Koeppens Romane sind avancierteste Versuche einer kritisch eingreifenden Literatur, die „zugleich aber in radikaler Konsequenz die Autonomie der Literatur gegenüber der Realität zu wahren sucht" (Erhard Schütz). Der Titel *Tauben im Gras* zitiert einen Vers der Avantgarde-Poetin Gertrude Stein als Metapher für die Orientierungsnot der Menschen in der Nachkriegszeit. Die Romanstruktur ist hingegen überdeutlich an James Joyces *Ulysses* (deutsch 1926) geschult, auch wenn der schwarze GI Odysseus Cotton (!), der einen Tag lang durchs zerstörte München zieht, neben zwanzig annähernd gleichgewichtigen Figuren steht. In etwa hundert Prosasequenzen, meist assoziativ verkettet, wird ein „Vielfältigkeitsroman" entfaltet, in dem farbige Besatzungssoldaten (Eroberer und Untermenschen zugleich!) neben deutschen Mädchen, verarmte Großbürgerstöchter neben nonkonformistischen Intellektuellen, Kulturbetriebsgrößen neben vaterlosen Halbwüchsigen ihre jeweiligen Interessen verfolgen und sie doch ebenso regelmäßig verfehlen wie sie, durch filmische Schnitttechnik sehr anschaulich, einander verfehlen. Vereinzelung und Entfremdung des Subjekts in einer ungesteuerten Gesellschaft mit zerfallenen Institutionen – so könnte das soziologische Fazit aus diesem Nachkriegs-Panorama lauten.

Nur ästhetisch wird diese Zersplitterung aufgehoben; denn die Kunstmittel, mit deren Hilfe Isolation und Partialisierung ausgedrückt werden: Montage, Bewusstseinsstrom, metaphorische Verkettung und Literaturzitat, konstituieren zugleich eine übergreifende Einheit, in der „das Ganze des Romans als eine Art stream-ofconsciousness des auktorialen Erzählers – und darin die Figuren als dessen Projektionen" erscheinen. „Das antirealistische Moment des neuen Romans, seine metaphysische Dimension, wird selber gezeitigt von seinem realen Gegenstand, einer Gesellschaft, in der die Menschen voneinander und von sich selbst gerissen sind." (Adorno)

Es versteht sich, dass diesem Buch kein Verkaufserfolg beschieden war; die – meist ablehnende – Kritik blieb weithin unter dem Niveau ihres Gegenstandes; für das Zeitklima bezeichnend ist jedoch, dass literarisches Unverständnis und politisch motivierte Abwehr gegen das *zersetzende* Buch sich meist verschoben, das heißt im Vorwurf der Immoralität, äußern. „Weil dieses Buch sich fast ausschließlich im Morbiden, im Sumpfe tummelt", mangele es ihm an Überzeugungskraft; – und kaum ein nonkonformistischer Erzähler wird in der Folgezeit vom Pornografievorwurf verschont bleiben, wenn er – wie begründet auch immer – seinen Blick auf den Zusammenhang von Politik und Triebstruktur richtet.

(Jochen Vogt in: Hansers Sozialgeschichte der deutschen Literatur vom 16. Jahrhundert bis zur Gegenwart Band 10, Herausgegeben von Rolf Grimminger, © 1986 Carl Hanser Verlag, München)

1. Teil: Analyse
Einleitung, Inhalt
und Intention

Der vorliegende Auszug aus einem längeren literaturwissenschaftlichen Aufsatz des Germanisten und Literaturdidaktikers Jochen Vogt trägt den Titel „Modelle nonkonformistischen Erzählens – Wolfgang Koeppens Romane" und ist 1986 erschienen. Der Aufsatz ist der Werkreihe „Hansers Sozialgeschichte der deutschen Literatur vom 16. Jahrhundert bis zur Gegenwart", herausgegeben von Rolf Grimminger, entnommen. Der Autor legt in seinen Ausführungen dar, inwiefern Wolfgang Koeppens Roman „Tauben im Gras" von soziologischer Weitsicht geprägt ist und ihm eine literarische Bedeutsamkeit im Kontext der Nachkriegszeit zukommt. Ziel ist es, die innovative Leistung des Romans aufzuzeigen und zugleich Ursachen für die kritische Rezeption durch die zeitgenössische Leserschaft darzulegen. Das Fachvokabular, die soziologischen Verweise sowie die literaturwissenschaftlichen Bezüge lassen auf einen fachkundigen Adressatenkreis schließen.

Der vorliegende Sachtext lässt sich gedanklich in vier Abschnitte gliedern: Zu Beginn (vgl. Z. 1–17) legt Jochen Vogt die Thematik des Aufsatzes dar, indem er die schriftstellerische Leistung Koeppens im Kontext seiner Entstehungszeit preist. Im zweiten Abschnitt (vgl. Z. 17–29) führt der Autor diese auf Koeppens literarische Fähigkeiten und seinen soziologischen Weitblick zurück. Durch das Benennen konkreter Ausdrucksmittel und das Aufzeigen thematischer Schwerpunkte beabsichtigt der Verfasser im nachfolgenden dritten Abschnitt (vgl. Z. 29–58), seine Position zu belegen und zu untermauern. Abschließend erläutert Jochen Vogt im letzten Abschnitt (vgl. Z. 59–77) die Gründe, die zu der kritischen Rezeption des Romans geführt haben.

Gliederung des Textes

Im Folgenden werde ich den vorliegenden Auszug im Hinblick auf die Argumentationsstruktur und den Argumentationsansatz analysieren.

Jochen Vogt legt zu Beginn seines Aufsatzes die schriftstellerischen Tätigkeiten Wolfgang Koeppens dar, wobei er sowohl auf die jüngeren Werke der Jahre 1933/34 als auch auf die Romantrilogie der Jahre 1951, 1953 und 1954 verweist (vgl. Z. 1 ff.). In diesem Zusammenhang spricht er metaphorisch von einer „poetische[n] Sprengkraft" (Z. 4), welche für Koeppen charakteristisch sei. Dadurch zeigt der Verfasser gleich zu Beginn die in seinen Augen existierende literarische Kraft der Romantrilogie auf. Um die Wertschätzung Koeppens und seiner nonkonformistischen Leistung zu untermauern, führt Jochen Vogt im Anschluss ein Zitat des

Analyse des 1. Sinnabschnitts

Schriftstellers Alfred Anderschs an (vgl. Z. 8 ff.). Dieser rühme die Leistung Koeppens, die gegenwärtigen gesellschaftlichen Tendenzen zu erkennen. Jochen Vogt schließt daraus, dass Koeppen seiner Zeit und damit den anderen Schriftstellern weit voraus gewesen sei, worin sich insbesondere Koeppens progressive Erzählweise gegenüber der zeitgenössischen Literatur zeige (vgl. Z. 10 ff.). Sprachlich hebt der Verfasser diese Leistung Koeppens durch die Verben „durchschaut" (Z. 13) und „begreift" (Z. 15) hervor, da er die notwendige Distanz zu gesellschaftlichen Entwicklungen und den kritischen Weitblick besessen habe (vgl. Z. 15 ff.).

Analyse des 2. Sinnabschnitts — Im zweiten Sinnabschnitt (vgl. Z. 17–29) führt Jochen Vogt den entwickelten Gedanken der progressiven Ausnahmestellung und des analytischen Weitblicks Koeppens weiter aus und konkretisiert ihn. So sieht er Koeppens Überlegenheit zunächst in seiner lebensgeschichtlichen Erfahrung begründet, da diese ihm eine „Kontinuität von Krisenerfahrungen" (Z. 19 f.) verschafft habe. Des Weiteren stehe er in der literarischen Kontinuität der Moderne (vgl. Z. 22 ff.). Daraus schließt Jochen Vogt, dass die Frage nach der Grundthematik des Romans überflüssig sei, da ihm eine fortschrittliche Haltung zukomme (vgl. Z. 26 ff.). Durch die Verwendung der Adjektive „avanciert[este]" (Z. 26) und „kritisch" (Z. 27), betont durch den Superlativ, hebt Jochen Vogt diese Leistung explizit hervor.

Analyse des 3. Sinnabschnitts — Im Anschluss daran verweist der Verfasser (vgl. Z. 30–58) auf konkrete literarische Mittel und thematische Schwerpunkte des Romans, um seine Auffassung von der Überlegenheit und Bedeutung zu untermauern. In diesem Kontext spricht Jochen Vogt den Titel des Romans an, der eine Daseinsmetapher für die Menschen darstelle und auf die „Avantgarde-Poetin" Gertrude Stein zurückzuführen sei (vgl. Z. 30 ff.). Als weiteren Beleg für die literarische Relevanz spreche die an James Joyces „Ulysses" angelehnte Struktur des Romans (vgl. Z. 32 ff.). Die assoziative Aneinanderreihung der Sequenzen lasse „Tauben im Gras" zu einem „Vielfältigkeitsroman" (Z. 38f.) werden, der ein breites Spektrum an Figuren aufzeige (vgl. Z. 39ff.). Jochen Vogt lobt in diesem Zusammenhang die „filmische Schnitttechnik" (Z. 45f.) des Romans als gelungenes Stilelement. Ein weiteres Argument für die besondere Stellung des Romans sieht der Verfasser ebenso in der treffenden Analyse der Nachkriegsgesellschaft (vgl. Z. 46ff.), in der aufgezeigten Isolation und Verfremdung des Einzelnen. Im Gegensatz dazu stünden jedoch die von Koeppen eingesetzten „Kunstmittel" (Z. 52), da sie einheitsstiftende Funktion besäßen und die inhaltliche Zersplitterung aufgehoben werde (vgl. Z. 51ff.). Als Beispiel führt er „Montage, Bewusstseinsstrom, metaphorische Verkettung und Literaturzitat" (Z. 51ff.) an. Um seine Einschätzung zu untermauern, schließt Jochen Vogt mit einem Zitat Adornos, welches er auf Koeppens Roman bezieht, um dessen besondere Leistung und Koeppens erzählerische Bedeutung hervorzuheben (vgl. Z. 58ff.).

Analyse des 4. Sinnabschnitts

Abschließend geht der Verfasser auf die Rezeption des Romans ein und schließt auf der Basis des zuvor Ausgeführten, dass diesem Werk selbstverständlich „kein Verkaufserfolg beschieden war" (Z. 64f.). Koeppen sei seiner Zeit voraus gewesen, die Kritik sei „unter dem Niveau ihres Gegenstandes" geblieben (Z. 66), wie Jochen Vogt nachfolgend belegt (vgl. Z. 66ff.). Folglich kommt er zu dem Schluss, dass diese Reaktion und Beurteilung aufgrund Koeppens nonkonformistischen Schreibens logische Konsequenz gewesen sei und kaum ein „nonkonformistischer Erzähler wird in der Folgezeit vom Pornografievorwurf verschont bleiben" (Z. 73f.).

Zusammenfassend lässt sich sagen, dass Jochen Vogt durch seine stringente Gedankenführung und aufeinander aufbauende Argumentation zu einer schlüssigen Beurteilung des Romans gelangt. Zum Teil ergeben sich jedoch Wieder-

Schluss

holungen, da der Verfasser den Grundgedanken seiner Position sehr ausführlich darlegt. Durch die konkreten Bezüge und Beispiele wird seine Sichtweise jedoch plausibel und seine Argumentation erscheint transparent.

Hinführung zur Erörterung

Wie Jochen Vogt in seinem Aufsatz anführt, reagieren die Zeitgenossen Koeppens auf seinen Roman mit Befremden, da er für die Leser eine Herausforderung darstellt. Thematisch und stilistisch entspricht er nicht dem damaligen An-

2. Teil: Erörterung/ kritische Stellungnahme

spruch an Literatur. Es stellt sich somit die Frage, worin das Ungewöhnliche und Provozierende dieses Romans liegt und ob er tatsächlich die „poetische Sprengkraft" (Z. 4) und analytische Schärfe besitzt, die Jochen Vogt ihm beimisst. Im Folgenden werde ich mich mit der Frage auseinandersetzen, inwiefern Wolfgang Koeppen mit seinem Roman „Tauben im Gras" zum „nonkonformistische[n] Erzähler" (Z. 73) wird.

Das Zeitklima im Roman

Die pessimistische und hoffungslose Stimmung, die der Roman transportiert, ist unweigerlich an seine Entstehungszeit gekoppelt. So enthalten die Probleme, denen sich die Figuren im Roman ausgesetzt sehen, eine real-historische Dimension. Diese sei Jochen Vogt nach von „Vereinzelung und Entfremdung" (Z. 46 f.) geprägt. Das Individuum lebe in einer „ungesteuerten Gesellschaft" (Z. 47 f.). Meiner Ansicht nach spiegelt sich gerade die historische Situation in den Schlagzeilen aus Zeitungen oder Rundfunkmeldungen wider, die Koeppen in den Roman einmontiert. Die Stationierung amerikanischer Superbomber wird ebenso aufgegriffen wie die internationalen Spannungen und das Wettrüsten: „SUPERBOMBER IN EUROPA STATIONIERT" (S. 26), „ATOMVERSUCHE IN NEU-MEXIKO, ATOMFABRIKEN IM URAL" (S. 10). Auch die unbewältigte, verdrängte Vergangenheit und die Kontinuität nationalistischer Mentalitäten, wie sie Jochen Vogt in seinem Aufsatz erwähnt (vgl. Z. 10 ff.), sind im Roman in vielfacher Weise spürbar. So sei neben zahlreichen namenlosen Figuren, deren Denken von Fremdenfeindlichkeit und Vorurteilen geprägt ist, zum Beispiel Frau Behrend erwähnt, die aufgrund ihrer rassistischen Gesinnung ihre eigene Tochter verschmäht. Koeppens eindringliche Warnung und die pointierte Kritik an gesellschaftlichen Entwicklungen sind kurz nach Beendigung des Zweiten Weltkrieges nicht nur normabweichend, sondern auch unbequem. Der Leser ist gefordert, der Realität – und sei es eine historische – ins Auge zu blicken. Diese Wirkung beweist Wolfgang Koeppens erzählerische Leistung und seine nonkonformistische Stellung im Nachkriegsdeutschland.

Generell zeigen sich im Roman in besonderer Weise die extreme Verunsicherung und die Angst der Figuren. Die Destabilisierung der Gesellschaft führt zum Werteverlust, zu sozialer Isolation, Entfremdung und Orientierungslosigkeit. Die damit verbundene Kommunikations- und Beziehungsunfähigkeit offenbart sich im Roman in zahlreichen Facetten und Ausprägungen. Jochen Vogt spricht in diesem Zusammenhang von einem „Vielfältigkeitsroman" (Z. 38f.) und betont das multiperspektive Nebeneinander. Meines Erachtens liegt gerade darin das Faszinierende des Romans, da er die verschiedenen Facetten der Gesellschaft und damit die Variationen des menschlichen Daseins aufgreift. Auch heutige Leser finden dadurch Bezugspunkte zu ihrem Leben und werden für gesellschaftliche Entwicklungen sensibilisiert.

Figurenkonzeption

Der Leser findet Figuren, die sein Mitgefühl evozieren, wie zum Beispiel die Kinder Heinz, Ezra oder Hillegonda. Er stößt aber auch auf Figuren, die bei ihm ein Gefühl von Antipathie hervorrufen, wie zum Beispiel die Tochter der Hausbesorgerin oder die Bräuhausgäste. Koeppen geht es somit nicht um die Identifikation mit einzelnen Figuren, sondern um das Kreieren eines „Zeitgemäldes". Auch daran lässt sich meiner Meinung nach seine Rolle als „nonkonformistischer Erzähler" ableiten.

literarische Moderne	Des Weiteren lässt sich der Roman zu Recht in seiner künstlerisch-ästhetischen Gestaltung in die Tradition der literarischen Moderne einordnen, welches seine literarische Aktualität und Relevanz hervorhebt (vgl. Z. 32 ff.). Auf der einen Seite herrschen Sprachreduktion und parataktische Verknappung vor, auf der anderen Seite herrscht eine Ansammlung von Bildern, Assoziationen und intertextuellen Bezügen. Koeppens Schreibstil ist geprägt von simultanem und filmischem Erzählen, welches die Vielfältigkeit des Daseins angemessen zum Ausdruck bringt. Diese erzählerische Konzeption stellt meiner Ansicht nach auch für heutige Leser noch eine Herausforderung dar, sodass die Wirkung des Romans nicht an seine Entstehungszeit gebunden ist und er seine erzählerische Faszination nicht verliert. Diese Tatsache belegt folglich auch die Aktualität des Werkes.
3. Teil: Schluss eigene Position und Fazit	Meiner Meinung nach offenbaren gerade die erzählerische Konzeption und die gezielte Desorientierung des Lesers das Besondere und Aktuelle des Romans, da er ein Abbild der Realität ist. Wolfgang Koeppens Werk ist somit auch gegenwärtig noch relevant, da es zu einer intensiven Beschäftigung mit der eigenen Wirklichkeit herausfordert. Zusammenfassend stimme ich somit Jochen Vogts Einschätzung des Romans und Koeppens Rolle als „nonkonformistischer Erzähler" (Z. 73) zu.

Der Blick auf das Abitur: Themenfelder 175

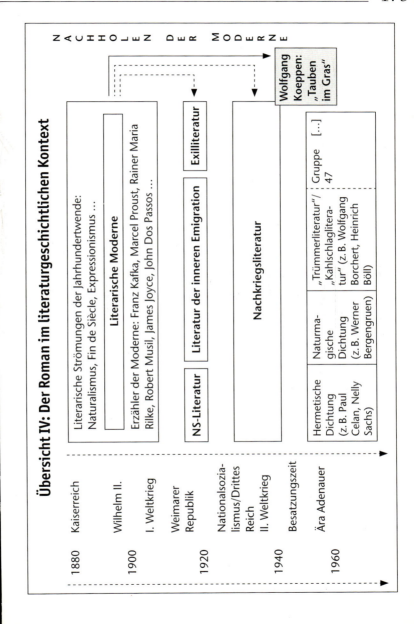

Übersicht V: Vergleichsmöglichk[eiten]

Themen, Motive und

Arbeit am Mythos/mythologische Bezüge, z. B.
- Johann Wolfgang von Goethe: „Iphigenie"
- Heinrich von Kleist: „Penthesilea"
- Thomas Mann: „Der Tod in Venedig"
- Christa Wolf: „Kassandra", „Medea"
- Christoph Ransmayr: „Die letzte Welt"

Krieg und Vorkrieg, z. B.
- Bertolt Brecht: „Mutter Courage und ihre Kinder"
- Wolfgang Borchert: „Draußen vor der Tür"
- Heinrich Böll: „Wo warst du, Adam?"
- Alfred Andersch: „Die Kirschen der Freiheit"
- Christa Wolf: „Kassandra"

Auseinandersetzung mit dem Faschismus/ Entdämonisierung des Nationalsozialismus, z. B.
- Thomas Mann: „Mario und der Zauberer"
- Ödön von Horváth: „Jugend ohne Gott"
- Anna Seghers: „Das siebte Kreuz"
- Wolfgang Koeppen: „Der Tod in Rom"
- Günter Grass: „Die Blechtrommel"
- Bernhard Schlink: „Der Vorleser"

Rassismus/Antisemitismus/Vorurteile/ Mitläufertum, z. B.
Arthur Schnitzler: „Lieutenant Gustl"
Heinrich Mann: „Der Untertan"
Ödön von Horváth: „Jugend ohne Gott"
Max Frisch: „Andorra"
Christa Wolf: „Kassandra"

Nachkriegsgesellschaft und Restauration, z. B.
Wolfgang Koeppen: „Das Treibhaus"
Martin Walser: „Ehen in Philippsburg"
Heinrich Böll: „Ansichten eines Clowns"
Hans-Ulrich Treichel: „Der Verlorene"

Wolfgan[g Koeppen]
„Taube[n im Gras"]

Der Blick auf das Abitur: Themenfelder 177

it anderen literarischen Werken
en des Erzählens, z. B.

Sprachkrise/Sprachskepsis, z. B.
- Hugo von Hofmannsthal: „Brief des Lord Chandos"
- Robert Musil: „Die Verwirrungen des Zöglings Törleß"
- „Literatur des Kahlschlags"

Großstadt, z. B.
- Rainer Maria Rilke: „Die Aufzeichnungen des Malte Laurids Brigge"
- Alfred Döblin: „Berlin Alexanderplatz"
- Erich Kästner: „Fabian"
- Irmgard Keun: „Das kunstseidene Mädchen"

Tod/Angst, z. B.
- Theodor Fontane: „Effi Briest"
- Arthur Schnitzler: „Lieutenant Gustl"
- Rainer Maria Rilke: „Die Aufzeichnungen des Malte Laurids Brigge"
- Thomas Mann: „Der Tod in Venedig"

oeppen:
n Gras"

Individuum und Gesellschaft/Entfremdung und Isolation, z. B.
- Theodor Fontane: „Effi Briest"
- Georg Büchner: „Woyzeck"
- Franz Kafka: „Die Verwandlung", „Der Prozess"
- Alfred Döblin: „Berlin Alexanderplatz"

Techniken des Erzählens, z. B.
- Die Rolle des Erzählers in Fontanes „Effi Briest"
- Die Funktion der erlebten Rede und des inneren Monologs in Schnitzlers „Traumnovelle" und „Lieutenant Gustl"
- Die Bewusstseinsstromtechnik in James Joyces „Ulysses" oder Alfred Döblins „Berlin Alexanderplatz"
- Techniken der Montage in Thomas Manns „Buddenbrooks", in Alfred Döblins „Berlin Alexanderplatz" oder in Dos Passos' „Manhattan Transfer"

Internetadressen

Unter diesen Internetadressen kann man sich zusätzlich informieren:

www.wolfgang-koeppen-stiftung.de
(Informationen über die Stiftung, Kurzbiografie, Werke und Bilder von Wolfgang Koeppen)

www.dhm.de/lemo/html/biografien/KoeppenWolfgang
(Kurzbiografie Koeppens vom Deutschen Historischen Museum)

www.derkanon.de/romane/autor_koeppen.html
(tabellarischer Lebenslauf von Wolfgang Koeppen)

www.zeit.de/2006/08/l__61__37_Ranicki_Koeppen
(Der Fall Koeppen, ZEIT–Artikel von Marcel Reich-Ranicki, 1961)

www.salmoxisbote.de/Bote07/Koeppen.htm
(André Müller interviewt Wolfgang Koeppen, 1991)

www.dieterwunderlich.de/Koeppen_tauben.htm
(Inhaltsangabe und Erläuterungen zu Wolfgang Koeppens *Tauben im Gras*)

www.nthuleen.com/papers/632paper.html
(Sprache, Stil und Thematik zu Wolfgang Koeppens *Tauben im Gras*)

www.lyrikwelt.de/hintergrund/koeppen-bericht-h.htm
(Ausstellung zu Ehren Koeppens 100. Geburtstag in der Münchner Stadtbibliothek)

www.dhm.de/lemo
(leMO = Lebendiges virtuelles Museum Online, Informationen zur Nachkriegszeit und dem zeitgeschichtlichen Hintergrund)

www.xlibris.de/Epochen/Nachkriegszeit
(Informationen zur Literaturepoche der Nachkriegszeit)

[Stand: 20.09.2010]

Literatur

Textausgaben:

Koeppen, Wolfgang: Tauben im Gras. Frankfurt am Main: Suhrkamp ²⁵2010

Koeppen, Wolfgang: Gesammelte Werke in sechs Bänden. Hrsg. von Marcel Reich-Ranicki, Band 5, Berichte und Skizzen II. Frankfurt am Main: Suhrkamp 1990

Treichel, Hans-Ulrich (Hrsg.): Wolfgang Koeppen. „Einer der schreibt", Gespräche und Interviews. Frankfurt am Main: Suhrkamp 1995

Sekundärliteratur:

Buchholz, Hartmut: Eine eigene Wahrheit: Über Wolfgang Koeppens Romantrilogie *Tauben im Gras, Das Treibhaus, Der Tod in Rom*. Frankfurt am Main/Bern: Peter Lang 1982

Greiner, Ulrich (Hrsg.): Über Wolfgang Koeppen. Frankfurt am Main: Suhrkamp 1976

Häntzschel, Günther und Hiltrud: Wolfgang Koeppen. Leben, Werk, Wirkung. Frankfurt am Main: Suhrkamp 2006 (Suhrkamp Basis Biografie Band 12)
- „Ich wurde eine Romanfigur" – Wolfgang Koeppen 1906–1996. Frankfurt am Main: Suhrkamp 2006

Hielscher, Martin: Wolfgang Koeppen. München: C.H. Beck 1988.
- Zitierte Moderne. Poetische Erfahrung und Reflexion in Wolfgang Koeppens Nachkriegsromanen und in *Jugend*. Heidelberg: Carl Winter 1988

Kaiser, Herbert; Köpf, Gerhard (Hrsg.): Erzählen, Erinnern. Deutsche Prosa der Gegenwart. Interpretationen. Frankfurt am Main: Diesterweg 1992

Lützeler, Paul M. (Hrsg.): Deutsche Romane des 20. Jahrhunderts. Neue Interpretationen. Königsstein/Ts.: Athenäum 1983

Oehlschläger, Eckart (Hrsg.): Wolfgang Koeppen. Frankfurt am Main: Suhrkamp 1987

Reich-Ranicki, Marcel: Wolfgang Koeppen. Aufsätze und Reden. Frankfurt am Main: Fischer 1998

Romane des 20. Jahrhunderts. Interpretationen Band 2. Reclam: Stuttgart 1997